Table des matières

MEMOIRE
D'UN
RESISTANT

Anne-Marie Lutic

Bonne lecture

à la mémoire de

mes grands-parents

et de leurs idéaux !

Une histoire vraie,
l'histoire de mon grand-père

Introduction

Né dans une famille d'ouvriers, mon grand-père, Édouard Stiers, était devenu communiste et dès son adolescence avait commencé à militer aux côtés des organisations secrètes de Bruxelles. Un jour, lors d'une réunion du groupe, un des camarades expose un problème important pour la communauté communiste. Nadia Stiers, une courageuse camarade, très active et très bonne locutrice, mais d'origine Ukrainienne, avait été attrapée par les autorités et devait se faire expulsée. Une solution devait être trouvée rapidement. Une camarade propose alors que l'un des membres du groupe se dévoue en se mariant avec elle, de sorte qu'elle obtienne la nationalité belge, ce qui lui évitera expulsion. Édouard, d'âge proche de celui de Nadia, célibataire et sans obligations est alors désigné par le groupe pour remplir cette mission. Tous deux partent alors en France, dans un village de campagne chez des camarades de l'organisation. Ils se marient et ainsi retournent continuer leur lutte engagée pour un monde meilleur. Leurs chemins se séparent et ils se souviennent à peine qu'ils sont l'un et l'autre, mariés. Sept ans plus tard, lors d'un rassemblement communiste, le hasard fait qu'ils se retrouvent assis côte à côte. En discutant, ils découvrent que des affinités les lient et se rendent compte qu'ils sont mari et femme. Le mariage sera consommé et le couple démarre enfin sa vie à deux. Jeannette, ma mère est née le 26 octobre 1939 à Bruxelles et les deux parents continuent leurs activités militantes pour l'avenir de leur enfant. Édouard en fait allusion dans son récit.

La suite je vous laisse la découvrir dans cette lettre que mon grand-père a écrit pour la mémoire de ces événements et un de ses camarades a fait parvenir à ses parents après son décès.

VERS LE CAMP DU VERNET ET

SEJOUR

Le vendredi 10 mai 1940, aux premières lueurs du jour, je fus réveillé par un vacarme extraordinaire. C'était des coups de canon bizarrement répétés par séries de quatre et qui faisaient plutôt songer aux coups réguliers d'un marteau piqueur qu'au « tonnerre de Bellone ». C'était aussi le ronflement sourd d'un ou de plusieurs moteurs d'avion, ronflement qui semblait se rapprocher en même temps que le bruit de la canonnade. Enfin, après un certain temps, un hululement lugubre et modulé se fit entendre, que je reconnus aussitôt comme étant le bruit de la sirène d'alarme.

Il ne fallait pas être un vétéran de guerre pour se rendre compte à l'audition de cette aubade diabolique que Bruxelles était survolé par des avions étrangers et que l'artillerie de la D.T.C.A. s'efforçait de repousser ces visiteurs indésirables.

Je me précipitais à la fenêtre et scrutais avidement le coin de ciel visible entre les maisons. J'eux vite fait d'y découvrir les petites taches blanches si familières aux bruxellois de 1914-18 et qui indiquaient les points d'éclatement des shrapnels. Ma femme, qui a une meilleure vue que moi, me montra bientôt les avions qui servaient de cible aux artilleurs. Ils avançaient à une grande hauteur en formation régulière, sans s'inquiéter de la canonnade dont ils étaient l'objet.

Ce n'était pas la première fois que des appareils étrangers, peu respectueux de la neutralité belge faisaient leur apparition dans le ciel bruxellois et je me souvenais avoir entendu quelques semaines auparavant le canon de la D.T.C.A qui leur tirait dessus. Aussi ne nous étonnions-nous pas outre mesure de ce réveil en musique.

Pourtant, la canonnade se prolongeait outre mesure et il me sembla même entendre des coups plus sourds, éveillant l'idée de chutes de bombes. A deux reprises, j'entendis le sifflement caractéristique, semblable au bruit de la soie qu'on déchire, des projectiles passant à peu de distance. Sans doute des obus non éclatés de la D.T.C.A.

De temps en temps, le vacarme semblait s'apaiser et la sirène sonna même une fois la « fin d'alerte », mais au bout d'une dizaine de minutes, le ronflement des moteurs et le martellement des canons reprenaient possession de l'espace audible.

Et tout naturellement, l'idée s'imposa alors à mon esprit, comme sans doute, à la même heure, à l'esprit de tous mes compatriotes : « Si les avions reviennent ainsi sans cesse malgré le feu de l'artillerie anti-aérienne, c'est qu'ils ont une mission précise à remplir en Belgique. <u>C'est donc la guerre.</u>

Et, afin d'en avoir le cœur net, je sortis pour aller écouter la radio chez ma mère, car notre impécuniosité chronique nous avait toujours interdit l'achat d'un poste.

Dans la rue je trouvais quantité de gens qui discutaient à haute voix   en regardant vers le ciel, mais je ne pus rien en tirer, sinon que « les Allemands bombardaient Bruxelles ». Rue Malibran, la voix du speaker de l'I.N.R. me parvint par une fenêtre ouverte. J'écoutais attentivement et perçus la fin d'une phrase annonçant que « l'armée belge fait son devoir ».

Rue Kerkx, un ouvrier montrait avec fierté un culot d'obus trouvé près de sa porte. Voilà sans doute l'explication de l'un des sifflements de tout à l'heure.

Chez mes parents, je trouvais mon père seul devant son appareil de radio, ma mère étant courue chez ma grand-mère pour la rassurer. Il me confirma la nouvelle de la guerre. Les armées allemandes avaient franchi ce matin les frontières belge, luxembourgeoise et hollandaise.

La T.S.F. donnait une marche allègre « Nous irons pendre notre linge sur la ligne Siegfried ! ». Ce n'est qu'après un moment d'attente que la voix du speaker retentit à nouveau pour répéter la sinistre nouvelle. Une phrase du communiqué me frappa : les combats se déroulent depuis le canal Albert jusqu'à la frontière du Luxembourg. « Si on se battait déjà sur le canal Albert, c'est donc que la ligne de la Meuse était forcée ? Une telle rapidité dans l'avance allemande m'étonnait et me faisait songer aux divergences entre la Cour et les libéraux en matière de défense à la frontière.

S.E.M., devenu seul ministre de l'armée, n'allait-il pas appliquer sa tactique de repli sur l'Escaut, sacrifiant bénévolement des fortifications construites à grands frais par le petit caporal Devene ?

Une autre nouvelle affecta davantage mon père, qui pâlit d'émotion : le bombardement de l'aérodrome d'Evère, où se trouvait mon frère, mobilisé depuis septembre. Il me pria de n'en rien dire à ma mère qui revenait à ce moment.

Je rentrais ensuite chez moi pour rapporter la nouvelle à ma femme, restée à la maison. En cours de route, je remarquais une fumée blanche, qui flottait comme un brouillard. On me dit que c'étaient les dépôts de vêtements de l'armée qui brûlaient à la caserne d'Etterbeek.

Le reste de la matinée se passa en va et vient entre mon domicile et celui de mes parents. Pendant ces déplacements, j'eus l'occasion de sentir monter la fièvre qui peu à peu s'emparait de la population, d'abord stupéfaite par la soudaineté des événements. L'avis lancé par l'I.N.R. : « Attention aux espions et aux parachutistes » excitait particulièrement l'imagination des gens, qui commençaient à voir des espions partout. Il devint même bientôt dangereux de n'être pas aussi excité que les autres : quiconque n'était pas au diapason commun devenait suspect.

Nadia ayant eu l'imprudence de dire, dans une conversation avec un voisine, que la situation des aviateurs exposés au feu d'artillerie n'était pas enviable, cette phrase choqua son interlocutrice, qui la répéta à d'autres, qui en furent scandalisées. Si bien qu'en passant dans la rue, vers midi, je me vis montrer du doigt par une femme qui s'écria « Voilà Hitler ! »

Je ne pense pas cependant que ce petit incident fut pour quelque chose dans notre arrestation, survenue au début de l'après-midi. La qualité de militant communiste était bien suffisante pour mériter les foudres du pouvoir.

C'était vers les deux ou trois heures de l'après-midi. Je parcourais pour la cinquième fois l'édition spéciale du « Soir », tandis que Nadia s'occupait du bébé. Tout à coup, des coups retentirent à la porte et une voix retentit à travers celle-ci : « Ouvrez, c'est la police ! »

C'était, en effet, un officier et trois agents de la police communale, en uniforme, qui, après avoir franchi sans sonner la porte du rez-de-chaussée, se présentaient à nous. L'un d'eux tenait son révolver à moitié sorti de la gaine, comme s'il se fut agi de prendre d'assaut un repaire d'espions armés jusqu'aux dents.

Après s'être enquis de nos identités, l'officier nous annonça qu'il avait ordre de nous arrêter. Je demandais à voir le mandat d'amener. « C'est la guerre ! » me répondit le policier avec un geste vague. Cette réponse, donnée ce jour- là par des milliers de policiers à des milliers de personnes, était l'oraison funèbre de la légalité. A part cela, nous n'eûmes pas à nous plaindre des policiers, qui se montrèrent personnellement corrects et même un peu ennuyés à cause de l'enfant.

Cette fillette de six mois, qui s'ébattait dans son berceau avec la plus magnifique inconscience de ce qui se jouait autour d'elle, posait devant nous un problème angoissant : Nous ne pouvions l'abandonner dans l'appartement vide. Deux solutions s'offraient donc : l'emmener avec nous ou la confier à une voisine quelconque La première solution était la plus simple, mais je ne sais pourquoi, elle ne me plaisait guère. J'avais le vague pressentiment que la nouvelle aventure qui s'ouvrait par cette arrestation présentait trop de dangers inconnus pour qu'on puisse y risquer la faible existence d'un bébé, dont la présence ne pourrait que nuire à notre solidité morale et surtout à celle de sa mère.

Après bien des discussions, l'officier consentit à envoyer un de ses hommes chez ma mère, pour lui demander de venir chercher l'enfant. L'agent ayant malheureusement trouvé porte de bois chez mes parents, il fallut se résigner à emporter Jeannette. L'officier consentit toutefois à expédier une nouvelle fois son agent chez mes parents, muni, cette fois-ci d'un billet écrit de ma main, les avertissant de notre arrestation et les priant de venir chercher l'enfant au commissariat.

Le voyage de la maison au Commissariat de la Maison Communale se fit à pieds, sans incidents, ma femme portant Jeannette et moi un filet contenant la nourriture et quelques vêtements pour celle-ci. Les policiers un peu gênés d'escorter à quatre un bébé de six mois, marchaient à quelque pas en arrière.

Au commissariat, j'eus la joie de trouver ma mère, accourue au reçu du billet et qui, ne nous voyant pas, s'apprêtait à rebrousser chemin. Le temps n'était pas aux longues explications. D'ailleurs, habituée depuis des années aux persécutions policières que nous nous valaient ma qualité de communiste, ma vieille maman avait réalisé immédiatement la situation. Après l'avoir tendrement embrassée une dernière fois, nous lui remîmes notre précieux fardeau, que je la vis emporter avec un soupir de soulagement. Savoir Jeannette en sûreté, assurée d'être bien soignée par sa grand-mère, était pour moi à ce moment la chose la plus importante. Quant à notre propre sort, il m'inquiétait beaucoup moins. Notre emprisonnement était dans la logique des choses, le gouvernement n'ayant pas fait voter pour les chiens la loi Janson, réprimant les activités nuisibles à la sécurité de l'État. Cette loi inconstitutionnelle avait pour but de juguler les adversaires de l'impérialisme en vue de préparer la guerre. La guerre étant venue plus tôt que ne le prévoyait le gouvernement lui-même, il était normal que notre gouvernement se mît en devoir de jeter en prison ceux contre qui il avait forgé cette arme liberticide. J'aurais peut-être pu échapper à l'arrestation en me cachant et je regrettai plus tard de ne pas l'avoir fait, mais ma capture étant chose faite, il ne me restait qu'à attendre avec fatalisme la suite des événements. C'est ce que je fis. Et je puis affirmer que nous étions certainement, Nadia et moi, les plus calmes et les moins émus de toutes les personnes rassemblées cet après-midi- là au poste de police. On nous avait enfermés dans une espèce de corps de garde en compagnie de deux Lithuaniens, d'un Italien, d'un ancien activiste dont j'ai oublié le nom et d'une petite femme, toute menue.

L'ex-activiste jurait ne rien comprendre à ce qui lui arrivait, vu qu'il avait abandonné toute activité politique depuis sa sortie de prison, au lendemain de la dernière guerre.

Quant à la petite femme, elle restait muette et semblait vouloir se faire plus petite encore, que ne l'avait faite la nature. Tout à coup on la vit se dresser et appeler désespérément quelqu'un qui passait dans le couloir encombré de monde. C'était son mari, un petit juif russe, au profil accusé, qui venait à sa recherche et qui fut aussitôt enfermé avec nous. Il nous expliqua qu'ils s'étaient présentés tous les deux à ce même bureau de police le matin, après l'avis lancé par la T.S.F. et que, le commissaire, après examen de leurs papiers d'identité les avait renvoyés chez eux, en les assurant qu'ils étaient en règle… Quelques heures plus tard, on venait arrêter sa femme ! C'était à peu de choses près l'histoire de l'Italien qui, lui aussi, s'était présenté le matin et avait été déclaré en règle.

Celui-ci, commerçant patenté et ami du commissaire de police, attribuait sa mésaventure à une dénonciation calomnieuse : « Dans un moment comme celui-ci – expliquait-il aux Lithuaniens – il suffit d'une salope, qui te veut du mal… et des salopes qui me veulent du mal, il y en a assez ! ».

Tout cela indiquait le désordre et l'affolement. Il suffisait d'ailleurs de voir la bousculade folle des visiteurs arrêtés ou non et des agents dans le couloir, d'entendre les ordres et les contrordres se succédant à propos des plus petites choses, pour se rendre compte de ce que la police était absolument débordée. Avec le désordre croissait l'énervement des policiers parmi lesquels beaucoup étaient des retraités rappelés pour la circonstance et qui ne reprenaient pas volontiers l'uniforme. L'un d'eux, chargé d'escorter vers une école voisine un convoi d'internés allemands, exhibait son revolver en disant : « Je voudrais qu'un de ceux-là essaye de s'enfuir ». Un autre proposait de placer tous les internés à l'aérodrome, pour qu'ils fussent bombardés par l'aviation allemande. Pendant tout ce temps, en effet, les alertes succédaient aux alertes et le canon ne cessait de tonner.

Tout à coup, au moment précis où une détonation plus forte que les autres venait de retentir, une clameur s'éleva dans la rue. Tout le monde se leva, dans notre cagibi, croyant qu'une bombe venait de faire des victimes aux environs, mais un policier qui s'était porté à la fenêtre nous rassura : « Ce sont les Anglais qui arrivent » - nous dit-il.

C'étaient en effet des « tommies », qui passaient sur de petits chars d'assaut rapides, dont nous entendions distinctement le bruit de chenilles sur le pavé.

« Cette fois-ci, ils ont été plus rapides qu'en 14 », remarqua quelqu'un.

La journée historique du 10 mai s'acheva ainsi pour nous, dans ce corps de garde perdu, au milieu du brouhaha d'un poste de police en folie et des bruits divers du bombardement. Vers les … heures enfin, un agent vint avertir les étrangers de notre petit groupe, qu'ils étaient libres et pouvaient rentrer chez eux. Quant aux trois Belges – l'activiste, ma femme et moi – nous fûmes embarqués dans un car de la police en compagnie d'un agent armé.

Par la vitre avant, nous pouvions voir, au dehors, le visage de guerre de Bruxelles.

Jamais je n'oublierai l'impression sinistre des rues de la capitale, plongée dans les ténèbres les plus profondes, ni surtout l'aspect fantastique d'une voiture de tramway évoluant lentement au milieu de cette obscurité, éclairée seulement par la faible lueur des lampes bleues, qui donnaient aux voyageurs un aspect cadavérique.

On eut dit la barque qui, dans les légendes antiques, conduisait les morts aux Enfers, à la lueur des feux follets.

Tandis que nous roulions, nous entendions le conducteur et son compagnon discuter à propos du bût de notre voyage : l'un voulait nous conduire à la prison de Forest, l'autre au vélodrome, où l'on avait aménagé un camp de concentration.

En fin de compte, nous arrivâmes avenue de la Jonction où la double porte du « château des cent mille briques » s'ouvrit pour nous livrer passage. Là, nouvelle discussion entre le gardien de service, qui prétendait n'avoir plus de place et notre escorte pressée de se débarrasser de nous. Finalement, on débarqua l'activiste et ma femme, tandis que je restais dans le car et on allait se remettre en route pour me conduire au vélodrome, quand, à la suite d'une discussion confuse entre nos gardiens, je fus invité à descendre à Forest également. J'appris plus tard par mon épouse, que l'on m'avait pris pour un étranger…

Nouvel aspect de la pagaille inouïe régnant en ce moment en Belgique.

Les formalités de l'écrou furent des plus simples. Après avoir, dans la cour même de la prison, serré une dernière fois la main de Nadia, en lui promettant de demander l'autorisation de la voir au parloir, je montais les quelques marches conduisant au quartier des hommes ou un fonctionnaire réceptionna ma personne , tout en fumant sa pipe, puis, après qu'on m'eut fait signer l'acte d'écrou (« proche parent du verrou » disait (Picard ?), un gardien me conduisit dans une salle aux murs nus où une demi-douzaines d'individus étaient assis sur un banc. Tandis qu'on me faisait asseoir sur un autre siège, je regardais mes voisins. Je reconnus tout de suite parmi eux le conseiller provincial Herssens et le sénateur Heyndels, deux de mes vieux amis, que je ne fus pas trop étonné de trouver là, en ce jour.

Comme mon apparition provoquait un léger murmure, le gardien qui, son trousseau de clés à la main, les surveillait menaça de ce ton glacialement bref, qui est la règle dans la corporation : « Silence ! Celui qui parle encore, je le ferai mettre dans le coin, face au mur ! »

Je croyais entendre la vieille institutrice du jardin d'enfants où je reçus, voici trente ans, mon « baptême du feu » scolaire et qui m'avait fait enfuir de l'école plus vite que je n'y étais entré.

Après un long moment d'attente, on me fit entrer dans une salle de bains ou un gardien me fouilla des pieds à la tête et prit note des objets interdits que je possédais.

J'avais un trousseau de clefs, un canif, un porte-mine, des allumettes – tout cela était confisqué, car ce sont là des instruments possibles d'évasion, d'incendie, de suicide ! Car ici on ne devait pouvoir s'évader ni dans la vie, ni dans la mort. On vous garde précieusement, comme des oies dans leur cage d'engraissement.

Enfin, je pus remettre mes vêtements, que j'avais dû enlever jusqu'au dernier fil et rejoindre mes compagnons d'infortune sur leur banc. Chemin faisant, j'aperçus collée à la vitre du judas donnant jour sur la salle de bain voisine, la figure d'un autre ami, qui n'avait pas l'air de bonne humeur.

Après une demi-heure d'attente, pendant laquelle je vis entrer encore plusieurs nouveaux prisonniers, je fus conduit par les couloirs voûtés, barrés de portes, de grilles, qu'on ouvrait avec un luxe de grincements, vers la cellule qui m'était destinée à l'étage d'un des préaux : la cellule 199. En arrivant dans le préau on m'avait remis un morceau de pain, une paire de gros sabots et d'énormes espadrilles, ainsi qu'un paquet de grosse toile.

Dont on fait les bonnes voiles

Ou des chemises de maçon.

C'était mon « nécessaire de prisonnier ».

Dans ma cellule, je trouvais mon lit déplié et recouvert des ustensiles les plus variés : gamelles, peigne, brosse etc. le tout rangé comme pour la parade par mon prédécesseur.

Le gardien voulut bien, à la lueur de la lampe « occultée » au moyen d'une serviette, m'indiquer où je devais ranger tout cela, après quoi, il sortit en me souhaitant le bonsoir. Jamais ce souhait banal ne me parut plus agréable que dans la bouche de ce geôlier, en cette nuit toute résonnante du fracas des canons. C'est d'un sommeil rêves que je dormis ma première nuit de captivité.

Le lendemain, ce fut encore le canon et les sirènes de la « Défense passive » qui me réveillèrent et je remarquais à cette occasion une chose que je devais vérifier encore par la suite : les sirènes se mettaient à hululer régulièrement après que les premières détonations se fussent fait entendre. Un fois même, on sonna « la fin d'alerte » au moment où le bombardement recommençait. Tout ne devait pas aller pour le mieux dans les services de la « garde civile ».

Décrire ma cellule ?

Elle ressemblait à toutes les cellules de prison belges et je ne puis mieux faire que reproduire ici les mauvais vers que je lui consacrais durant l'ennui des longues heures de solitude.

« Trois pas de large, sept de long,

Quatre murs blancs, une porte grise,

Percée au milieu d'un trou rond.

Une baie grillée qui tamise

Le jour blafard de ma prison ».

La journée de samedi se passa calmement, dans le silence sépulcral des prisons cellulaires, rompu seulement, en dehors des bombardements, par les bruits du service.

Tout d'abord, un bruit sec de portes ouvertes et refermées brusquement, qui en se rapprochant me fit présager une visite. Ma propre porte finit en effet par s'ouvrir également pour livrer passage à un gardien qui, droit comme un soldat au garde-à-vous, me souhaita le bonjour et disparut dans un bruit de serrures, avant que j'aie eu le temps de lui répondre.

Puis, c'est l'eau froide nécessaire aux ablutions qu'apporta par le guichet, au moyen d'une cruche à long bec, un détenu en vêtements saumâtres accompagné d'un gardien. Il faut être derrière la porte avec son récipient prêt, car le service se fait vite par mouvements mécaniques et brefs, qu'on dirait décomposés en « temps », comme les exercices militaires : un – le guichet s'ouvre ; deux – la cruche s'abaisse et laisse couler la ration ; trois – elle se retire ; quatre – le guichet se referme.

Le « café » liquide innommable, qui mériterait une condamnation pour port de faux nom ; l'eau chaude pour la vaisselle, la soupe et les pommes de terre de midi se servent avec le même cérémonial.

Comme ma nonchalance et ma distraction naturelle ne se prêtaient guère à cette mécanisation, je me faisais régulièrement engueuler pour n'avoir pas tendu assez rapidement ma gamelle ou avoir oublié de disposer dessous ma lavette, comme le prévoit le règlement.

J'ai également consacré des vers à cette cérémonie :

« Eau chaude ! Eau froide ! La soupe ! Patate !

Cris alternés, marquant les heures

Comme autrefois ceux du veilleur.

Eau chaude ! Eau froide ! La soupe ! Patate !

Le guichet s'ouvre d'un coup sec

La cruche me tend son long bec.

Eau chaude ! Eau froide ! La soupe ! Patate ! »

J'arrête là la citation, car la mémoire me manque et le manuscrit est, hélas, perdu.

Le moment le plus agréable de la journée était la promenade au préau ouvert, sorte de jardin sillonné d'allées tortueuses, que nous suivions en file indienne, à quatre pas l'un de l'autre. Mou voisin de devant étant un soldat condamné pour action antimilitariste, ainsi qu'il me le dit, malgré la défense de parler. Il y avait d'ailleurs, beaucoup de soldats en prison en ce second jour de guerre. Ils devaient être libérés le lendemain, pour être expédiés au front.

J'eus, durant cette première promenade, le plaisir égoïste de retrouver quelques figures connues, parmi la longue théorie des détenus. C'étaient, outre ceux déjà vus la veille à l'entrée, des amis de « La Voix du peuple » comme L'allemand des J.C.S., comme Antoine Laurent, des nationalistes flamands, comme Ward Heemans, mon vieil ami Alexander d'Ixelles.

La plupart de mes compagnons profitaient de cette promenade pour fumer une cigarette ou une pipe Ry, à voir l'avidité avec laquelle ils aspiraient la fumée, on sentait que la privation de tabac devait être pour eux un des côtés les plus pénibles de la vie pénitentiaire ;

Avec la promenade, la seule distraction permise était l'audition à certaines heures des émissions de l'I.N.R. au moyen des écouteurs installés depuis peu dans les cellules. C'était là une innovation heureuse, indiquant le début d'une réaction contre le vieux système pénitentiaire. Je ne pus malheureusement en bénéficier longtemps, car dès l'après-midi de samedi, un ouvrier vint démonter mon écouteur, tandis que le gardien suspendait à la porte de ma cellule un écriteau portant la mention « secret ».

Sous ce même prétexte du secret, on refusa d'expédier la lettre que j'avais écrite le matin à mes parents et à mon avocat (on m'avait pourtant donné sans objection le papier et les timbres nécessaires – nouvelle preuve du désordre régnant alors jusqu'à l'intérieur-même de la prison).

J'eus, par contre, ce samedi après-midi, d'autres distractions… visite chez le comptable, qui s'empara de mon argent, puis chez le médecin, qui se borna de constater superficiellement que je n'avais pas de maladie vénérienne. C'est au cours de ces déplacements que j'aperçus pour la première fois Deyrelle et Stuf Declerck.

Le dimanche 12 mai se passa comme le samedi, moins les visites au comptable et au médecin. Seul le menu du dîner indiquait que c'était jour de liesse : un succulent riz au lait remplaçait l'insipide plat de pommes de terre des jours de semaine.

Ici, il convient de dire un mot de la nourriture de la prison : celle-ci est en général très copieuse, mais grossière et sans goût, de sorte qu'on est généralement contraint d'en jeter une partie dans le seau « inodore » qui empeste chaque cellule.

Ce parti-pris de rendre toute chose rébarbative et dure, de supprimer tout ce qui pourrait rappeler au détenu la douceur de vivre est la caractéristique de ce vieux système pénitentiaire auquel j'ai fait allusion plus haut ; Toute la vie des prisons belges en est encore imprégnée

Le lundi et le mardi furent sans histoire, je me souviens seulement d'avoir vu à la promenade du lundi renvoyer un de mes voisins à sa cellule parce qu'il avait échangé une parole avec un autre détenu ; L'homme, un solide gars d'une trentaine d'années, pleurnichait comme un écolier de deuxième année primaire. C'était la seconde fois que je constatais cette similitude entre la prison et la vieille école. Entrer en prison c'est, pour un homme adulte, rétrograder à l'âge des premières études et de l'obéissance au pion.

Le mardi, on vint me dire de me préparer au départ. Je remis donc ma cellule en ordre et attendis toute la soirée, mon imperméable sur le dos, qu'on vint m'appeler, mais personne ne vint. Pourtant, d'autres durent partir ce jour- là, car j'entendis appeler des numéros et claquer des portes jusqu'à la nuit noire.

Parmi les gardiens, l'inquiétude grandissait et j'en entendis dire à un « fatigué » : « Ce sera encore une fois comme en 14, « eux » vont foutre le camp et ils nous laisseront ici avec les prisonniers ! » J'en déduisis que les nouvelles du front étaient mauvaises et que les Allemands approchaient de Bruxelles. Les alertes devenaient, en effet, de plus en plus fréquentes.

Le lendemain, mercredi, vers les 5 heures, un nouveau gardien, les jeunes avaient dû être mobilisés, vint m'avertir à nouveau d'avoir à me préparer. Je m'habillais donc et, me doutant qu'on allait nous évacuer vers la Flandre ou la France, je fourrais dans mes poches tous les morceaux de pains qui restaient.

C'est que je me souvenais de l'autre guerre, durant laquelle j'avais mis une journée entière pour aller en chemin de fer de la frontière hollandaise à Bruxelles.

La guerre aérienne ne devait pas avoir simplifié les choses et il fallait s'attendre à un voyage prolongé. C'est dans cet état d'esprit que je sortis de ma cellule. Les formalités de sortie furent expédiées rapidement au milieu d'un désordre inouï en ce lieu. Dans leur hâte les employés de la prison suspendirent même la remise de l'argent et des objets retenus à l'entrée, disant à ceux qui n'avaient pas été servis : « Ça vous sera restitué à l'arrivée ».

Par contre mon ami Joye, rédacteur à la « Voix du peuple » se disputait avec le personnel, qui prétendait l'obliger à emporter une pile de bouquins, qui encombraient sa cellule de prévenu politique, détenu depuis plusieurs semaines.

A l'un des détenus qui se plaignait d'être arraché aux siens dans un moment pareil, un

vieux gardien à moustache blanche répondit :
« Plaignez-vous ! Que devons-nous dire, nous,
qui devons rester dans cet enfer ! »

Dans la cour, un « panier à salade » nous
attendait, gardé par des gendarmes et des soldats.
On m'enferma dans une des logettes disposées
des deux côtés du couloir central du véhicule.

Bientôt nous nous-mêmes en route « Vers
quelle destination ? C'est ce que se demandaient
aussi me voisins, dont la voix me parvenait à
travers les tôles de ma boîte. L'un d'eux émit
l'avis qu'on nous évacuait sur Bruges où, disait-
il, le gouvernement s'était retiré. Mais irons-nous
à Bruges en auto ou en chemin de fer ? Je
commençais à opter pour la première éventualité,
vue la longueur du voyage, quand l'auto s'arrêta.

Du dehors, nous parvenait une rumeur
confuse, faite du bruit de nombreuses voix
parlant en même temps, de piétinements
innombrables, de sonneries de vélo, de roulement

de charrettes. Notre « panier à salade » devait être arrêté au milieu d'une foule en marche.

La même idée traversa nos cerveaux : « On évacue Bruxelles ! » et nous imaginions la cohue des malheureux poussant devant eux sur des bécanes ou des charrettes à bras leurs pauvres hardes.

Mais voici que la voiture cellulaire se remet en marche. Bientôt les halètements d'une locomotive nous avertirent que nous approchions d'une gare. Décidément, c'est en chemin de fer que nous voyagerons.

En effet, notre carrosse ne tarde pas à s'arrêter définitivement et nous sommes extraits de nos cages pour nous trouver devant le site banlieusard de la gare de la Petite Ile.

Les mains levées, nous dûmes escalader un remblai, puis nous avancer sur le ballast, jusqu'à un quai, le long duquel étaient rangés un certain nombre de wagons à bestiaux et à marchandises.

Tout le long de notre route, des soldats se tenaient, le fusil à la main, prêts à faire feu.

On nous fit monter dans les wagons. Je l'arrangeais pour me trouver avec quelques-uns de mes amis, que j'avais reconnus durant le trajet.

Nous étions une vingtaine dans le wagon et déjà nous nous flattions de pouvoir voyager à peu près confortablement, quand la porte se rouvrit pour faire place à une nouvelle fournée de prisonniers, parmi lesquels un blessé que l'on dût hisser à force de poignets.

Ce malheureux avait été blessé, ainsi que deux autres, dont l'un avait encore le visage couvert de pansements, par le capotage de l'auto qui l'amenait prisonnier de Tirlemont à Louvain. Le troisième blessé, moins grièvement atteint, était un paysan flamand en sabots et vêtements de toile. Le malheureux avait été arrêté sur son champ sans avoir eu le temps de rentrer s'habiller.

Les religieux étaient des séminaristes allemands ou tchèques, arrêtés malgré les démarches des officiers belges logés au séminaire.

Mais, celui qui attirait le plus l'attention était un officier aviateur en uniforme, couvert de décorations. C'était un avocat d'Anvers, ancien combattant et officier de réserve mobilisé. Il affirmait ne pas savoir pourquoi on l'avait arrêté, s'engueula dès le premier quart d'heure avec le soldat de garde sur le quai et se mit à dresser des plans d'évasion. Cette attitude nous le rendit suspect pendant un certain temps : n'était-ce pas un « mouton » ou un provocateur ? Il n'en était rien, heureusement, nous devions apprendre plus tard qu'il avait simplement collaboré avec des exportateurs allemands pour forcer le blocus britannique. C'était sans doute la raison de son arrestation, comme de celle d'un autre de nos compagnons, un industriel des environs de Namur et ancien collaborateur de M. Bonesse au ministère. Lui aussi, disait ne pas savoir pourquoi il était là.

Un autre personnage curieux était M. Van Daume, un blond anversois, barbu et chevelu à rendre jaloux son compatriote Frensen. Il s'appelait Van Dame et ne cachait pas ses convictions germanophiles et antisémites. Il en faisait même étalage avec une certaine jactance, qui contrastait avec la discrétion des précédents.

En général, les nationalistes flamands et les communistes ne faisaient pas mystère de leurs opinions, lorsqu'on les questionnait à ce sujet. Par contre, je ne trouvais pas un seul raciste avoué. Le seul qui reconnut avoir autrefois suivi le mouvement degrellien était un homme doux et intelligent, au parler teinté d'un imperceptible accent slave, M. de L. Elevé en Russie, où il avait fait la guerre de 1914, comme officier de l'armée tzariste, émigré suite à la Révolution, il s'était refait en Belgique une situation assez enviable comme agent de location et constatait avec peine que tout serait à nouveau à recommencer, à la suite de cette nouvelle aventure.

Mais un spectacle plus intéressant nous attirait vers la petite fenêtre grillée du wagon : de nouveaux groupes de captifs passaient. Ceux-ci étaient des étrangers, Allemands ou assimilés qui, prévenus par la T.S.F. de leur internement imminent, avaient eu le temps de préparer et d'emporter leurs bagages. Mais à la mesure qu'ils arrivaient sur le quai, ils étaient interpelés par les soldats, ils étaient obligés à abandonner valises et paquets. Certains durent aussi jeter dans des paniers l'argent qu'ils possédaient, sans qu'aucun reçu ou compte soit fait.

Et comme le soldat est toujours un peu pillard, notre escorte ne se fit pas faute de profiter de l'aubaine : « Les employés de la gare et les civils qui étaient là ne restèrent pas en reste. Tandis qu'au début les soldats se bornaient à chiper les victuailles, je vis un cheminot puiser dans le fameux panier et en retirer un gros billet de banque. Des soldats ne tardèrent pas à suivre l'exemple.

Ce sont les premières scènes de pillage auxquelles j'assistais. Elles me rappelèrent ce qu'avaient raconté des combattants d'Espagne sur l'attitude des Sénégalais lors de l'internement en France des troupes républicaines. Noir ou Blanc, le soldat obéit au même instinct de rapine dès qu'on lui lâche la bride et qu'il tient à sa merci des hommes désarmés. Les femmes qui arrivèrent ensuite furent également dépouillées.

Il devait être midi quand notre trin se mit en marche, avec un grand bruit de ferraille et en imprimant à notre wagon une violente secousse, qui nous jeta les uns sur les autres.

Où nous conduisait-on ?

Afin de pouvoir s'en rendre compte, chacun se porta vers une des deux petites ouvertures permettant de voir dehors. Avec son couteau, l'officier aviateur démolit partiellement une des lattes du volet de bois fermant l'une d'entre elles, mais, malgré cela il était impossible à tout le monde de voir. Le rassemblement des hommes devant les trous d'air gênait par contre l'aération et rendait l'atmosphère du wagon irrespirable. Aussi, dès le début, les plus disciplinés s'imposèrent-ils de rester assis. Mais il fut impossible d'obtenir de l'ensemble des prisonniers qu'ils en fissent autant. Tous étaient dominés par la curiosité légitime de savoir où on les menait.

Dès que nous vîmes que le train s'engageait sur la ligne de Hal, l'idée me vint que nous pourrions bien être dirigés vers la France. Cette idée que je gardais pour moi, un de mes compagnons la formula à haute voix. Plusieurs, aussitôt, s'élevèrent contre cet avis : « Il est impossible, dirent-ils, que l'on nous envoie à l'étranger. Nous avons été arrêtés par la police belge, pour des raisons politiques belges, on doit nous juger en Belgique ». C'étaient les légalistes.

La direction ^prise par le train après Hal sembla leur donner raison : au lieu de filer tout

44

droit vers Mons, ce qui était le chemin le plus normal pour aller en France, le train prit, en effet, une voie plus occidentale, celle qui mène à Tournai, en passant par Ath.

Mais le voyage, entrecoupé d'arrêts continuels, se prolongeait indéfiniment. Ath ne fut atteint qu'à la tombée de la nuit. Peu auparavant, vers les quatre heures de l'après-midi, notre escorte avait profité d'un arrêt pour nous donner à boire. De l'eau, naturellement. Le séjour du train en gare d'Ath fut marqué par un incident qui mérite d'être relaté, car il donne une idée de l'affolement de notre escorte.

La nuit était venue et nous écoutions en les commentant les bruits de la bataille qui semblait se rapprocher, quand nous entendîmes au-dessus de nous le bruit de plusieurs moteurs d'avion, que les spécialistes du wagon reconnurent pour être allemands. Les hommes d'escorte les avaient reconnus également, car on les vit s'égailler de divers côtés. Notre situation n'était guère enviable, car notre train arrêté dans en gare comme celle d'Ath, qui est au croisement de plusieurs lignes, devait paraître aux aviateurs allemands un convoi de troupes ou de munitions bon à bombarder.

Heureusement, l'obscurité était complète et les avions passèrent sans nous attaquer. Mais après avoir rôdé un moment aux alentours, ils se mirent à lancer des fusées éclairantes. Ces fusées sont, comme on le sait, attachées à de petits parachutes, qui permettent une descente très lente, donnant à l'observateur le temps de scruter à loisir le terrain éclairé.

Il n'en fallait pas plus pour que, cédant à la folie du jour, les vaillants guerriers qui nous accompagnaient se mettent à crier : « Des parachutistes ! Des parachutistes ! ».

« Tirez dessus ! » ordonna le lieutenant qui les commandait. J'ai su plus tard qu'il s'appelait Colette. Et comme un chef qui se respecte doit donner l'exemple à ses hommes, le voilà qui décharge son pistolet sur les fameuses fusées, distantes d'au moins 3.000 mètres ! Ses soldats font de même et c'est la plus folle fusillade à laquelle il m'ait été donné d'assister. Malgré le danger que nous faisait courir cette initiative stupide, je ne pouvais m'empêcher de rigoler comme une petite folle : Certain soldat tremblait tellement, qu'il ne pouvait plus recharger son fusil !

Mais mes compagnons ne voyaient pas tous les choses par son côté comique et l'aviateur, notamment, se fâchait tout rouge, criant à Colette et à ses tirailleurs : « Mais cesse donc de tirer, ce ne sont que des fusées. Vous allez attirer les avions par votre feu même !

Colette répondit par des menaces et fit placer une sentinelle, baïonnette au canon devant notre wagon. Il n'y avait pas un quart d'heure que ce brave garçon nous surveillait, que la frousse qui lui tenaillait les entrailles lui fit voir dans le reflet de mes lunettes et dans celles de M. Taillaro, qui se trouvait à côté de moi, près de la fameuse fenêtre, un signal lumineux destiné aux aviateurs qui tournaient au-dessus d'Ath.

Aussitôt, il s'empressa de communiquer sa découverte à l'officier qui alerta le reste de la troupe. En un clin d'œil, une douzaine de soldats se trouvent rangés devant notre wagon, prêts à tirer sur les « espions » qui poussent l'amour du métier jusqu'à attirer sur le train qui les porte l'attention des bombardiers.

Finalement, après s'être répandus en menaces, Colette fil lever les volets, ce qui nous priva de toute vue sur l'extérieur et rendit rapidement intenable l'atmosphère du wagon ou nous étions encaqués. Mais voilà que le train démarre. Oh ! Nous n'allons pas loin, seulement à quelques kilomètres d'Ath, dans un petit village dont le clocher se mit bientôt à sonner le tocsin, pour annoncer l'approche d'avions ennemis. Sans doute notre lieutenant avait-il fini par comprendre le danger qu'il y avait pour lui, comme pour nous, à stationner en pleine bataille dans une gare de grande importance stratégique.

Ou bien, simplement avait-il dû faire place à un autre train, un train de prisonniers également, dont nous apprîmes plus tard qu'une bonne partie des occupants avaient péri, victimes du bombardement.

Songer que ces malheureux sont morts, en quelque sorte, à notre place, éveille en moi un sentiment complexe ou la satisfaction d'avoir échappé au danger se mêle à une sorte de gêne.

Pourquoi eux et pas nous ?

Le 16 mai au matin, nous quittâmes cette petite station pour nous diriger vers Tournai. La gare de l'ancienne capitale franque était encombrée de réfugiés, parmi lesquels nous remarquâmes plusieurs blessés. En cours de route, déjà, nous avions croisé des groupes misérables de fuyards. Je me rappellerai toujours d'un ouvrier portant son maigre bagage sur son vélo, qu'il poussait devant lui, sur la route et qui que suivait également à pied, sa femme et ses deux petits enfants ... Ayant reconnu, dans notre train, un convoi de prisonniers, Allemands dans son esprit , il nous montrait le poing en criant des injures à notre adresse et e acclamant la France et l'Angleterre. Tenant compte de cet état d'esprit de la population, on nous conduisit sur une voie de garage, en dehors de la gare.

Au bout de quelque temps, un soldat ouvrit la porte et nous jeta du pain. Un morceau de cent grammes environ par homme. Il nous promit également de l'eau.

Comme on tardait à nous en apporter, nous nous adressâmes par la fenêtre rouverte à deux soldats d'allure moins rébarbative que les autres, deux Bruxellois, et leur demandâmes de nous en apporter, contre pourboire. Malheureusement le jeu fut aperçu par un grand Wallon, qui s'opposa à ce qu'ils nous en donnent les deux seaux déjà préparés. Peu à peu, un agent des chemins de fer intervint à son tour et fit retirer les seaux. Quant au lieutenant, il répondait à toutes nos protestations par des promesses vagues.

Tandis que se déroulait ce premier acte du grand drame de la soif, nous vîmes arriver d'autres trains de prisonniers. A la fenêtre d'un wagon de bestiaux, nous aperçûmes des têtes de femmes, notamment la coiffure bariolée d'une tzigane. Elles aussi réclamaient à boire, mais sans plus de succès que nous.

Enfin, le train se remit en marche, nous forçant à remettre à plus tard notre espoir d'avoir de l'eau.

Comme nous sortions de la ville, nous aperçûmes les fameux « cinq Clochers » de la vieille cathédrale romane.

- Regardez-les bien, nous dit e P. Jorge, c'est peut-être la dernière fois que vous les verrez ! »

Cette phrase ramena notre esprit vers des préoccupations plus générales. Tournai était destinée, par sa situation même, sur l'Escaut, deuxième ligne de défense de l'armée belge, à devenir avant peu le théâtre de furieux combats.

Tous les trésors accumulés par le travail de générations d'hommes étaient-ils condamnés à périr dans les flammes et la fumée des explosions ?

Mon cœur se serrait en y pensant.

Cependant le train avait fini par atteindre Herseaux. Il y stationna longtemps, attirant l'attention hostile des habitants. Nous réclamons encore de l'eau, mais en vain. Nous essayons de parlementer avec la foule, mais sans trop de succès. Pourtant un petit incident réchauffe le cœur des Communistes présents : à un moment donné, tandis que la foule crie sa haine des « boches » et des « espions », une femme nous fait le salut du poing levé... puis disparait prudemment.

Enfin, on se remet en route et cette fois le doute n'est plus possible, nous allons en France.

Les « légalistes » du wagon estiment toutefois que c'est pour rentrer en Belgique un peu plus loin.

En tout cas, nous voici en France, car des gardes mobiles au képi bordé de rouge font leur apparition le long de la voie et chassent les curieux et les malveillants, qui nous jettent des pierres en guise de bienvenue. Nous réclamons une fois de plus à boire, mais sans plus de succès. Vers la tombée de la nuit, une voix, celle d'un Français, annonce qu'on va chercher un cantonnement pour les femmes. Sans doute les mettra-t-on dans une usine abandonnée. Mais nous, passerons-nous une nouvelle nuit dans ce wagon où il est impossible de s'étendre ? En tout cas, nous aurons de l'eau, on nous le promet. Deux ou trois fois le train s'engage dans des voies de garage, bordées de bâtiments industriels. Est-ce le cantonnement promis ? Hélas ! Est-ce faute de place ou par crainte d'évasion, en tout cas personne, ni femme, ni homme n'est débarqué et nous entrons, à la nuit, dans une grande gare, que d'aucuns disent être celle de Lille, tandis que d'autres croient être Roubaix. Nouveau concert d'injures de la part des civils massés devant les grilles.

Sur le quai, des gendarmes français se promènent, carabine au poing. Va-t-on nous débarquer ici, pour nous loger dans la prison locale ? Nous l'espérons, mais pas longtemps, car voici que le train se remet en marche et, après quelques manœuvres, accompagnées de chocs formidables, qui font gémir les blessés aux côtes brisées, va se ranger sur une voie de garage.

Nous passerons donc une deuxième nuit dans ce wagon de malheur. Mais au moins, qu'on nous donne à boire. Nous réclamons de l'eau sans succès. Les femmes manifestent violemment, nous entendons distinctement leurs cris : De l'eau ! A boire ! A boire pour les enfants ! Remplissez les bouteilles des enfants ! » Car il y a des enfants, même un bébé de deux mois dans cette galère !

Je songe à ma petite Jeannette et me félicite d'avoir pu la laisser à Bruxelles. Elle sera mieux, même au milieu des bombardements, que dans ce train infernal où elle ne manquerait pas de mourir de soif.

La manifestation des femmes s'amplifie. Nous entendons les coups portés contre les parois des wagons, qu'elles menacent de démolir. Ni menaces, ni promesses ne peuvent les faire taire et nous avons l'impression, lorsque ce concert infernal s'apaise enfin, qu'elles ont obtenu satisfaction, au moins pour les enfants.

En tout cas, cette manifestation a impressionné les soldats et les responsables du train, car il n'avance plus par à-coups, il file à toute vapeur.

Où nous mène-t-on ? Nous distinguons vaguement dans la nuit la masse sombre d'un terril. Nous traversons donc le bassin minier du Pas de Calais. C'est la seule indication que je possède sur ce voyage nocturne au cours duquel nous ne nous arrêtons guère que deux fois : une fois dans une petite garde, où régnait une puissante odeur d'eau de Javel et une autre fois en plein champs, pendant un bombardement au cours duquel nous vîmes distinctement les bombes éclater à peu de distance de la voie, tandis qu'au-dessus de notre tête, les obus de la D.T.C.A. éclataient avec un bruit sec.

Nous dûmes, cette fois encore, l'échapper belle !

Dans notre wagon, tout le monde souffrait du froid, surtout, les malheureux qui, priés le 10 mai de se rendre chez le commissaire « pour un petit renseignement », n'avaient pas songé à emporter un pardessus. Notre rexiste russo-belge tremblait comme une feuille, n'ayant qu'un léger costume d'été et je dus lui prêter mon imperméable pour lui permettre de se réchauffer.

Ce froid intense eut pourtant l'avantage de nous faire oublier momentanément notre soif, mais celle-ci se réveilla avec le jour.

Le 17 mai, à l'aube, nous passâmes à Arras, où nous revînmes stationner dans la matinée, après une randonnée incompréhensible et inutile par Amiens et Clermont. La gare portait les traces d'un récent bombardement. Aussi appréhendant des incidents désagréables, nous entreprîmes,

Jorge et moi, de convaincre nos compagnons de ne pas se montrer à la fenêtre. Le souvenir des cailloux de la veille aidant, les moins disciplinés suivirent notre conseil, surtout lorsqu'un convoi de soldats montant au front fut venu se ranger près du nôtre.

Les femmes, se sentant moins menacées, essayèrent au contraire d'apitoyer les soldats, leur demandant à boire. Un grand diable de zouave s'avança et vint plaisanter avec elles, mais les soldats ayant eux-mêmes leurs gourdes vides, ne pouvaient rien donner. Lorsqu'ils aperçurent les sentinelles qui nous gardaient, leur sympathie se mua d'ailleurs en hostilité et le zouave cria à ses camarades « Ce sont des vidés de prison ! Des corbeaux qui veulent se faire passer pour des oiseaux du Bon Dieu ! ».

Heureusement, notre train se mit en marche avant que cette hostilité ai pu se traduire autrement. Il n'en fut pas de même, lorsque, après un long stationnement en plein champs, près d'une rivière dont l'eau semblait là pour nous narguer, le train atteignit l'Ile-de-France. Tergnier, Pontoise, Creil furent le théâtre d'autant de répétitions des incidents de la veille ; Nous avions l'impression très nette à ce moment qu'on nous offrait en spectacle pour réchauffer le patriotisme des masses, ébranlé par les mauvaises nouvelles du front.

A chaque station, la foule était massée le long de la voie, comme si elle nous attendait, et nous accablait d'injures. Nous apprîmes par ses commentaires que nos aimables gardiens avaient inscrit à la craie sur les parois de notre wagon : « Suspects » et « Espions » sur le wagon voisin où se trouvait l'ancien président du Road van Vlanderen. Une inscription analogue annonçait au public la présence du « traître de Borms » et de Léon Degrelle (qui ne s'y trouvait pas). On se doute de l'effet de ces inscriptions sur la population déjà excitée par les bombardements.

A Pontoise, des gens voulurent mettre le feu aux wagons, seule la lenteur mise par ceux qui étaient allés chercher l'essence nécessaire nous évita une mort affreuse.

A Creil, où le lieutenant nous avait promis à boire, on nous fit stationner au milieu d'une gare encombrée de réfugiés belges, que les noms de Borms et Degrelle eurent naturellement le don de mettre en fureur. Comme si cela ne suffisait pas, un quidam qui nous fit alors l'effet d'un provocateur, vint annoncer à haute voix la destruction de Nivelle. Or, les gens rassemblés sur le quai étaient, en grande partie, des Nivellois !

Cet incident nous fit craindre un moment que, dans leur embarras, les gens dont dépendait notre sort se soient décidés à résoudre le problème de notre hébergement par une septembrisades, qui eut en même temps servi à entretenir l'esprit belliqueux des habitants.

En attendant, la soif nous faisait terriblement souffrir. Depuis le 15 mai à 4 heures, en effet, nous n'avions plus reçu une seule goutte d'eau ! Plusieurs d'entre nous tombèrent en syncope et on dut, pour les ranimer, procéder à la respiration artificielle, chose peu commode dans ce wagon surpeuplé où on ne pouvait se coucher qu'en forçant ses voisins à rester debout et où régnait une atmosphère empuantie par l'haleine nauséabonde de quarante hommes déshydratés. Cette mauvaise odeur émise par la bouche des gens assoiffés à l'extrême est une caractéristique de la soif, que nous avons tous constatée au cours de ce terrible voyage. Elle coïncidait avec l'apparition sur la langue et le palais d'un enduit blanchâtre semblable à de la bouillie. Au début, cette matière est éliminée par la salive que l'on avale, mais la salive devenant plus rare, à mesure que l'organisme se déshydrate, la bouche se trouve empâtée au point que la parole en est gênée. C'est un phénomène que je n'ai pas remarqué, à ce degré du moins, dans le désert africain où, cependant, il m'est arrivé également de rester des journées sans boire. Peut-être faut-il attribuer cette différence à ce que, à l'encontre de l'atmosphère du désert, qui est d'une pureté exceptionnelle, l'air vicié du wagon était surchargé de poussières qui, attirées dans la bouche par la respiration, se collait aux muqueuses et formait à la longue, la pâte infecte dont je viens de parler.

Pour soulager un peu les plus malades, nous disposions d'un peu de thé, contenu dans le thermos de P. Jorge et autour duquel le groupe des communistes montait une garde vigilante. Une orange et un citron, partagés en quarante morceaux, quelques carrés de sucre, puis d'infimes parcelles de l'écorce du citron et enfin de l'herbe ou des feuilles, obtenues d'une sentinelle à la faveur d'un arrêt du train, tels furent les seules choses qui nous permirent de tromper notre soif pendant ces journées tragiques. Orange et citron provenaient des bagages de Jorge qui, prisonnier politique depuis plusieurs mois, recevait à la prison de Forest, sa nourriture du dehors et avait pu emporter de ce fait, quelques provisions, qui furent pour nous une vraie manne céleste.

Ce n'est pas que ces infimes portions de nourritures nous aient été d'un grand secours, matériellement, mais chaque distribution était pour notre lot d'assoiffés un événement heureux, qui rompit la morne attente, remontait le moral des hommes et les arrêtait momentanément sur le chemin du désespoir et de la folie.

Comme il était surtout important d'éviter à l'occasion de ces distributions les disputes et les contestations déjà trop fréquentes entre ces hommes, que l'extrême dénuement ramenait à l'animalité, la tâche de la répartition était confiée à Jorge, jouissant de la confiance tacite des communistes et à l'un des religieux, un jeune prêtre tchèque d'un dévouement admirable, que son caractère sacré protégeait aux yeux des catholiques, contre le soupçon de fraude.

C'était chose bien émouvante que de voir ce prêtre et ce communiste collaborer ainsi pour soulager leurs compagnons d'infortune.

Les rapports entre nous étaient d'ailleurs des plus fraternels et le jeune prêtre avoua avoir « plus appris dans ce wagon, qu'en plusieurs années d'étude au séminaire. »

Nous finîmes cependant par obtenir à un des arrêts du train de pouvoir sortir un moment les malades, afin de les ranimer. La vue de ces hommes étendus, pareils à des cadavres, soignés par d'autres hommes également pâles et chancelants, dut impressionner le lieutenant, luis faisant craindre la mort d'une partie de ses prisonniers, car à l'arrêt suivant les soldats nous apportèrent enfin de l'eau !

Il était près de huit heures du soir et, depuis l'avant-veille à quatre heures, nous n'avions plus reçu une goutte de liquide ! Aussi dûmes-nous organiser un service d'ordre pour empêcher nos compagnons de s'arracher le gobelet des mains.

Je bus, quant à moi, deux grandes rasades, qui me dégagèrent enfin la bouche et rendirent à ma langue son élasticité normale. Les muscles de la mâchoire restèrent toutefois douloureux et les lèvres enflées.

Les soldats chargés de la distribution paraissaient eux-mêmes émus de notre misère et cherchèrent à s'excuser en disant qu'ils avaient fait leur possible pour épargner les mêmes souffrances aux femmes et aux enfants. Je promis à l'un d'eux qui habitait Etterbeek de lui payer un verre de gueuse, si je le rencontrais dans le civil, l'avertissant que la meilleure bière bruxelloise ne lui semblerait pas aussi savoureuse que l'eau que je buvais à ce moment.

Nous passâmes une partie de la nuit dans la station d'Amèche. Mais au milieu de la nuit, la secousse habituelle nous annonça, en jetant les veilleurs sur les dormeurs, que le convoi se remettait en marche.

Le lendemain matin, le 18 mai, le train s'arrêta en pleine campagne et nos gardiens nous autorisèrent à descendre un à un pour satisfaire nos besoins naturels. Ceux-ci se réduisaient d'ailleurs à peu de choses, car nous étions presque tous absolument constipés et les fonctions urinaires étaient réduites à l'émission d'un peu de liquide rougeâtre, plus riche en sels qu'en eau. L'organisme privé de nourriture assimilait en partie ce qu'il rejetait autrefois.

Néanmoins, nous profitions de l'occasion qui nous était donnée, pour respirer un peu d'air frais. En faisant les quelques pas qui séparent le wagon du talus, j'ai l'impression d'être devenu beaucoup plus léger et comme un peu ivre. Je songe au « Prisonnier des Abyssins » de Ferrero… Mais je suis arraché à ces pensées par le spectacle des femmes qui, descendues, elles aussi du wagon, sacrifient comme nous à la nature, sous l'œil des sentinelles, baïonnette au canon. Une d'elles, malade, est étendue sur l'herbe et deux de ses compagnes s'affairent autour d'elle. Parmi celles-ci, je crois reconnaître mon épouse. Je veux l'appeler, mais mon voisin me rappelle à la prudence. D'ailleurs, il est temps de regagner le wagon, car notre minute de sortie est écoulée et déjà le sous-off de service menace de refermer la porte sans attendre que tout le monde soit descendu.

En rentrant nous ramenons, qui une poignée d'herbe, qui quelques feuilles de groseillier (que le prêtre tchèque nous indique comme précieuses pour tromper la soif). Car nous ignorons quand nous serons ravitaillés. Par bonheur, Jorge a encore dans sa fameuse valise, qu'il appelle « mes possessions terrestres » un petit paquet de galettes de seigle, que l'on vend à Bruxelles sous le nom de pain suédois, et un peu de beurre. Aidé du curé, il entreprend de partager ce régal en quarante rations. Il faut voir avec quelles mines d'enfants gourmands nos compagnons attendaient ces infimes portions de deux ou trois centimètres carrés, que les uns avalaient d'une seule bouchée, tandis que les autres les grignotent de façon à prolonger le plaisir. Comme ces galettes ressemblent fort aux pains azymes que les Juifs mangent à Pâques, Jorge, toujours facétieux demande d'un air embarrassé aux antisémites de la troupe s'ils acceptent de manger des « matsas » juives.

- Oh, non, Monsieur, ça ne fait rien, répondent les intéressés en s'empressant de faire disparaître leur part.

Pendant ce temps, le train contourne lentement la grande banlieue parisienne : Chatou, Nerval, Aulnay sont des noms de station que nous parvenons à saisir au passage. Les paysages industriels alternent avec les bois.

Nous supposons qu'on va nous débarquer à Paris et certains parlent déjà du stade Bufalo ou de Roland Garros, comme d'une destination possible.

Ces établissements sportifs sont en effet devenus des camps de concentration. Ceux qui les ont baptisés de noms évocateurs de la Prairie ou du plein ciel n'ont pas prévu cette destinée !

Ce séjour parisien ne nous réjouit pas, car ce que nous avons pu voir des dispositions de la population nous fait craindre un lynchage en règle, si jamais on nous débarque à Paris. Mais non, voici qu'après la vallée de la Maljou nous filons vers l'Ouest.

Le décor change, devient plus pauvre, plus sévère. De grands espaces incultes apparaissent. Irons-nous en Vendée, rejoindre les communistes français déportés dans l'île de Noirmoutier ? En tout cas, voilà Chartres, Maule, une ville assez importante que certains affirment être Angoulême et puis, enfin, le Mans où les gens commencent par nous acclamer, puis, renseignés par notre escorte, nous insultent. Le Mans, ce nom fait surgir dans la mémoire de notre ami, ancien combattant de 1914-18, le souvenir du Camp d'Auvour. Et d'évoquer les souvenirs de son séjour dans ce camp d'instruction de l'armée belge durant l'autre guerre. Il n'a pas sitôt fini que l'objet e son récit se présente à nos yeux. C'est bien le camp d'Auvour, célèbre dans les annales du mouvement flamand. Des baraques et autres bâtiments bas s'étendent à perte de vue derrière une rangée de fils de fer barbelés. Près de ceux-ci, des soldats se rassemblent et interpellent nos gardiens pour connaître la nature de leur chargement.

Wurd Hernen qui se trouve dans le wagon voisin doit évoquer, lui aussi, de bien tragiques souvenirs. Mon compagnon, lui, semble atterré à l'idée de devoir manger à nouveau du « pain Joffre ». Si on m'avait dit que je mangerai à nouveau de ce pain-là ! s'exclamait-il.

Mais on ne semble guère pressé de nous débarquer. D'autres trains de prisonniers séjournent déjà dans la gare. Ce sont, parait-il, les internés de Hoogstraeten. Nous remarquons que ceux-là sont escortés par des gardiens de prison armés.

Et ces gardiens de prison ont vraisemblablement songé à emporter des provisions de bouche, car nous voyons circuler des cruches et du pain. Cela nous rappelle notre propre détresse et nous demandons à boire.

On nous répond par des injures. Nos gardiens n'ont pas soif, car ils ont reçu du vin au Mans et on leur en apporte encore ici. Plus tard, ils s'en feront encore offrir par des paysannes à qui ils raconteront des horreurs sur notre compte.

Car nous ne descendrons pas à Auvours. Il n'y a pas de place pour nous. Et le train repart à l'aventure, à la recherche d'un lieu où débarquer son chargement indésirable. Car il est bien certain maintenant qu'on ne sait pas où nous mettre ! Ceux qui nous ont embarqués le 15 mai au matin, ne se sont pas préoccupés de notre destination. Une pareille incurie dépasse les bornes de ce qu'on peut imaginer !

Heureusement, l'un de nous parvient à acheter, 50 francs la pièce, deux bouteilles de vin à un soldat. L'une d'elles sera conservée pour l'usage des blessés. L'autre, mêlée d'un peu d'eau, conservée dans une ou deux bouteilles, sera partagée entre nous tous, en raison d'un fond de gobelet par homme.

La nuit est venue, quand nous arrivons à la gare de la Flèche. Des gardes mobiles et des gendarmes français sont là avec de coquets seaux de cuivre pleins d'eau. Mais celle-ci est destinée aux femmes qu'on débarque ici. Les logera-t-on dans l'ancienne « jésuitière » où Descartes fit ses études voici trois siècles ? Quel minable cortège que celui de ces malheureuses épuisées, se soutenant l'une l'autre, tandis que les gendarmes portent les enfants inanimés. Pauvres mioches, dont la santé restera sans doute à jamais ébranlée par les privations et les souffrances endurées au cours de ce terrible voyage ! Qu'avez-vous fait, vous, pour mériter ce supplice ? Êtes- vous aussi des parachutistes ou des espions ?

Avoir laissé mourir de soif de petits enfants est un acte dont l'honneur de l'armée belge restera à jamais entachée. Ceux d'entre nous, dont les femmes sont prisonnières cherchent à les reconnaître, mais seul un Allemand a le plaisir de pouvoir échanger un bref salut avec son épouse, que les gendarmes emmènent vers la sortie.

Ce débarquement des femmes nous fait espérer notre propre délivrance. Et, comme pour confirmer cet espoir, voici que la porte de notre prison roulante s'ouvre toute grande.

Mais, ce n'est que pour nous apporter de l'eau. Au moins, nous ne passerons pas une nouvelle nuit sans boire ! Nous nous précipitons et la distribution commence au milieu d'un certain désordre dû à l'avidité de chacun de ces hommes ; J'ai e bonheur d'attraper une des boites de conserves qui servent de verre. Et de boire une grande gorgée d'un liquide assez douteux. Un des soldats se vantera plus tard de nous avoir fait boire de l'eau non-potable., destinée aux locomotives.

Plusieurs de mes camarades m'envieront, car, brusquement, avant que la distribution ne soit terminée et malgré nos protestations, les soldats retirent les seaux et referment la porte. Peu après, le train s'ébranle, nous entrainant vers notre destination, loin de celles qui furent pendant quatre jours nos compagnes de souffrance et d'infortune.

Pour moi, ce fut un soulagement réel de savoir les enfants hors de ce train maudit. J'avais souffert beaucoup plus de leur misère que de notre propre détresse.

Quelle heure était-il quand nous arrivâmes à Saumur, sur la Loire, je ne me rappelle plus. Minuit peut-être. Cette halte mérite d'être citée, car elle fut marquée par des incidents que nous n'oublierons pas de sitôt.

Le train s'était arrêté à quelque distance de la gare, quand soudain ceux qui veillaient debout pour permettre aux autres de s'étendre, entendirent un remue-ménage extraordinaire au dehors. Des soldats couraient en s'interpellant, tandis que les lampes à arc, disposées le long des quais s'allumaient brusquement, malgré les consignes d'occultation des lumières. J'entendis le lieutenant dire à ses hommes :

« La gare est cernée, cherchez et si vous en trouvez un abattez-le comme un chien ! »

Je compris qu'une tentative d'évasion avait eu lieu et qu'on cherchait les fuyards. Bientôt des coups de feu retentirent, indiquant que la chasse à l'homme commençait. Puis, nous vîmes passer un civil escorté par des soldats belges et français, qui le frappaient à coups de crosse. Un des évadés, sans doute. On ouvrit la porte du wagon voisin et j'entendis distinctement le bruit d'une cravache ou d'une lanière frappant dans le tas les hommes entassés là.

J'entends à nouveau la voix de l'officier qui crie « Il y en a qui ont des couteaux ! Qu'ils les donnent immédiatement ! »

Dehors, les soldats attendent baïonnette au canon et visiblement très excités par les libations nombreuses et gratuites dues à la générosité des habitants du Mans. Soudain un remous se produit parmi eux. On expulse quelqu'un sans douceur du wagon d'à côté. C'est un homme âgé avec une barbiche grise, vêtu comme un maître d'école du siècle passé et coiffé d'une calotte noire.

Je crois reconnaître Auguste Borms, l'ancien chef du Road van Vlanderen. Cette impression est immédiatement confirmée par les cris des soldats belges qui crient leur haine du « traître ».

- Alors, c'est lui le grand traître, celui qui a trahi pendant l'autre guerre, demande un Français du ton où il demanderait : « Alors, c'est ça le tigre du Bengale, qui peut dévorer un homme ? »

Et il s'approche, plus curieux que furieux, content, sans doute, de voir un traître de près.

Un sous-officier, un borain, si j'en juge par son accent, est particulièrement excité et veut de toute force faire éloigner Borms du train. Mais le vieux, qui a sans doute entendu parler de l'assassinat de Liebknecht et de la méthode « bessarabienne », chère à la « Sigouranza », refuse obstinément de bouger.

« Salaud ! On ne t'a pas exécuté la dernière fois, mais cette fois-ci ton compte est bon » - hurle le sous-off.

« Qu'est-ce que l'on attend pour l'exécuter ? » - gueule un gradé français qui voudrait bien en voir pour son dérangement. Pour se dédommager, il gifle l'ex-ministre flamand et lui crache à la figure.

Finalement, Borms est réintégré dans son wagon et celui-ci refermé. Le dimanche 19 mai, nous voit arriver en gare de Saint-Pierre des Corps, près de Tours, où nous passerons la journée, afin de permettre au machiniste de se reposer. Journée tragique, digne de la nuit qu'elle suivait.

Cela commença le matin. Le départ des femmes avait vidé deux wagons. Comme ceux-ci se trouvaient dans le corps du train, on entreprit de transférer les détenus enfermés dans les wagons de queue, afin de pouvoir disposer de ceux-ci. Cette opération se fit avec une brutalité extrême. Les prisonniers, des Juifs pour la plupart, furent contraints de faire le trajet en courant, sous les coups des gardes mobiles, dont c'était le premier contact avec nous. Comme l'un d'eux, épuisé et encombré par ses bagages, tombait, les gardes le frappèrent à coups de bottes.

Cette scène avait naturellement attiré des curieux, qui se renseignèrent sur notre compte auprès des hommes d'escorte qui, selon la coutume, nous dépeignirent comme de dangereux espions. De là, des insultes et des menaces à notre adresse.

Mais, nous allions également faire connaissance avec les « enfants de Paul Boncour. Brusquement, nous entendons s'ouvrir les portes du wagon voisin. Des propos tenus par les soldats, nous comprîmes qu'une nouvelle perquisition y avait lieu en vue de découvrir les couteaux ou autres instruments d'évasion possibles. La fouille dura une dizaine de minutes, puis les portes se refermèrent avec bruit.

C'était maintenant à notre tour... Plusieurs gardes mobiles, conduits par un grand gaillard de sous-officier armé d'une canne, vêtu d'une veste kaki et d'un pantalon bleu à ganse rouge.

-Tout le monde dans le fond du wagon et plus vite que ça !

Cet ordre accompagné de quelques bourrades nous entassa pêle-mêle dans la moitié arrière du wagon. Il fallut ensuite passer un à un à travers le barrage des gardes et subir la fouille. Fouille capricieuse s'il en fut, car, tandis que les uns se voyaient enlever, par exemple, leurs photos, d'autres les recevaient en retour ? Par contre, les canifs et les stylos furent impitoyablement confisqués à tout le monde. Mes clefs, considérées comme des armes dangereuses furent jetées hors du wagon, ainsi que mon porte-mine, mais on me remit mes papiers d'identité, ainsi que mon argent.

Le petit Français qui cherchait à apitoyer l'adjudant, en lui montrant sa feuille de démobilisation prouvant qu'il avait combattu dans l'armée française jusqu'au début de l'année, put conserver tous ses papiers.

- Cela te servira pour te justifier, lui dit le sous-off.

Le lieutenant aviateur fut également traité avec certains égards.

L'adjudant, soucieux du prestige des gradés, ne permit pas que de simples gardes le fouillent.

Ce traitement nous donna tout d'abord une assez bonne idée des troupes de police française, mais cette impression favorable se dissipa en partie quand nous vîmes les gardes distribuer nos stylos aux gamins accourus. Cependant, ce qui nous fit le plus de peine fut la saisie et la destruction de quelques bouteilles que nous avions pu acquérir à prix d'or des soldats et qui devaient nous permettre de faire provision d'eau, afin d'éviter le renouvellement des souffrances de la veille.

Jorge réussit toutefois à sauver son thermos et obtint que les blessés puissent conserver leur bouteille de vin contenant encore un peu de liquide.

La fouille terminée, les gardes se retirèrent et nous restâmes sous la garde des soldats belges.

Apparemment le train séjournerait à Saint Pierre des Corps pendant toute la journée de dimanche, afin de permettre aux cheminots et aux hommes d'escorte de prendre une journée de repos.

Cette perspective d'une nouvelle journée, suivie évidemment d'une nouvelle nuit, à passer dans le wagon, que le soleil commençait à surchauffer nous souriait peu. D'autant que nos gardiens ne semblaient guère se soucier de notre ravitaillement.

Des cris : « A boire ! Donnez-nous de l'eau ! » ne tardèrent pas à partir du wagon voisin, celui de Borms, dont les occupants se trouvaient dans une situation encore moins enviable que nous, nos bourreaux ayant jugé bon d'obstruer au moyen de planches la seule ouverture par laquelle un peu d'air frais pénétrait dans le véhicule.

Nous joignîmes nos appels aux leurs, mais la seule réponse, lancée par un soldat wallon, peut-être le même qui menaçait Borms durant la nuit, fût : « Crevez ! »

Nos bons gardiens n'avaient évidemment pas soif. Il y avait, près de l'endroit où nous stationnions, un petit café dont l'enseigne, visible par l'ouverture grillée du wagon, était « Café de Champigneule » Ils en avaient fait leur quartier général et s'y relayaient pour vider force verres de rouge, en racontant leurs exploits de chasseurs de parachutistes.

Ah ! Ce vin de Touraine, comme il devait leur paraître bon, par cette chaude journée ! Moi, qui ai toujours eu un faible pour le Vouvray, je me désespérais de souffrir de la soif à quelques kilomètres de la localité qui produit ce nectar. Et l'image de ces soudards se soûlant au « Café de Champigneule » me torturait l'esprit.

Cependant, les heures succédaient aux heures, sans apporter d'autre changement à notre situation qu'un accroissement de notre soif, activée encore par la chaleur étouffante.

Pendant ce temps, les trains ne cessent de défiler sur les voies voisines - trains de réfugiés, trains de troupes montant au front ou trains sanitaires en revenant.

Plusieurs s'arrêtèrent près de nous et leurs occupants en profitèrent pour nous injurier copieusement.

Je me souviens d'une infirmière qui propose successivement de nous émasculer, de nous livrer aux femmes pour qu'elles nous arrachent les yeux et de nous jeter à la mer !

Des soldats qui se dirigeaient vers le front nous ayant aussi injuriés, l'un de nous se montra à la fameuse ouverture et réussit à leur expliquer qu'il y avait aussi parmi nous des militants ouvriers.

- D'anciens communistes, alors ? demanda un grand jeune homme à la figure halée par le grand air.

Sur la réponse affirmative de notre ami, il sourit et se retira un peu en arrière de ses compagnons pour nous faire, sans être vu, un clin d'œil significatif.

Une fois de plus, les communistes du wagon se sentirent réconfortés.

Mais nos conversations avec les soldats n'avaient pas échappé à nos gardes, car, peu après, les gardes mobiles vinrent fermer la fenêtre, nous plongeant dans l'obscurité.

C'est ainsi que nous pûmes entendre mais non apercevoir des jeunes gens d'Anvers et de Bruxelles, qu'un train suivant conduisait, parait-il, vers Bordeaux.

Très préoccupés de faire la cour aux jeunes Tourangelles, ces jeunes gars ne s'occupaient pas de nous et furent les seuls à ne pas nous insulter.

Vers quatre ou cinq heures du soir, comme la soif commençait à redevenir insupportable, nous entendîmes ouvrir la porte du wagon voisin, mais ce n'était, hélas, pas pour une distribution d'eau. Nos gardiens, complètement ivres, voulaient seulement montrer à leur hôte le plus remarquable de leurs prisonniers ; M. Borms. Comme la veille, celui-ci fut insulté et malmené, puis réintégré dans sa prison ; Mais d'eau, point !

Un peu plus tard. L'inévitable Borain vint même annoncer que nos gardiens, réunis en conseil au Café de Champigneules, avaient décidé de nous laisser mourir de faim et de soif !

Peut-être s'attendait-il à une explosion de désespoir, qui lui eut permis d'user de brutalité et peut-être de tirer dans le tas, sous prétexte de rébellion. Dans ce cas, il fut désappointé, car seul un morne silence lui répondit.

Nous avions en effet décidé de rester immobiles et d'essayer de dormir pour ménager nos forces. Rien n'était à espérer de ces brutes avinées, la seule chose importante était de tenir jusqu'au lendemain, qui nous apporterait peut-être, avec le retour des gradés, de l'eau et la continuation du voyage.

Nous ne dûmes, heureusement, pas attendre si longtemps, car vers six heures, la porte du wagon s'ouvrit et le lieutenant parut avec des soldats en armes, porteurs de seaux pleins d'eau et, si mes souvenirs sont bons, du pain. Visiblement, les hommes ne donnaient qu'à contrecœur et sur ordre « formel et militaire » du lieutenant rappelé au sens des responsabilités par l'état des prisonniers ; Enfin, Nous eûmes à boire et pour nous c'était l'essentiel.

La foule toutefois ne cessait de nous menacer de lynchage et tenta même, si nous en jugeons par les cris entendus, de s'opposer à l'attelage d'une locomotive à notre train. Enfin, peu avant la nuit, celui-ci se mit en marche.

Brisé par cette journée d'émotions et de souffrances excessives et ayant réussi, peut-être pour la première fois, à trouver une place pour m'étendre, je m'endormis profondément.

CERDON DU LOIRET

Je me réveillais au cours de la nuit pour permettre à un autre de dormir à son tour et assistais ainsi à notre arrivée dans une toute petite gare appelée Cerdon du Loiret.

Cette gare, éloignée du village et complètement isolée était bien choisie pour nous soustraire à la colère des populations surexcitées par les mauvaises nouvelles du front.

Notre séjour en ce lieu semblait donc devoir être heureux, autant que le permettait notre situation de prisonniers ambulants. Notre premier contact avec les autorités françaises du lieu fut d'ailleurs prometteur. Dans le courant de la matinée, en effet, les portes des wagons furent ouvertes et un groupe d'officiers français aux uniformes élégants, parmi lesquels un médecin militaire, vint nous contempler.

La vue de ces hommes livides, aux yeux cernés et aux visages couverts d'une barbe hirsute, sembla les impressionner beaucoup et le médecin s'informa s'il y avait des blessés parmi nous. Nous fîmes avancer les victimes de l'accident d'auto de Louvain, mais le toubib s'en désintéressa sous prétexte qu'ils étaient pansés et ne portaient pas de blessures ouvertes.

Cette visite eut une conséquence heureuse. Quelque temps après, on vint nous apporter à boire, non pas de l'eau, comme à l'habitude, mais du café chaud ! Nous ne pouvions pas en croire nos yeux ! Notre estime pour la France et les Français s'en trouva augmentée. Elle augmenta encore quand nous vîmes un officier français s'en prendre à nos gardiens, qui arboraient fièrement les stylos de marque dérobés aux prisonniers.

- Vous êtes des soldats et non des pillards !
Cette phrase de l'officier français fut presque
acclamée par ceux qui l'entendirent.

Hélas ! Une fois de plus, nous allions
apprendre à nos dépens qu'en France surtout, les
belles phrases vont de pair avec les pires actes.
Nous n'avions pas encore fini de commenter cet
incident que le quai était envahi par une troupe
de soldats vêtus d'uniformes composites où le
kaki de 1940 se mariait bizarrement au bleu
horizon de 1918. Comme ils étaient armés de
fusils, baïonnette au canon, nous crûmes tout
d'abord qu'ils venaient relever la garde belge,
mais nous vîmes bientôt qu'il s'agissait d'une
nouvelle perquisition dans le genre de celle de
Tours.

Comme à Saint-Pierre-des-Corps, nous
fûmes refoulés au fond du wagon, puis obligés de
passer un à un par les mains des soldats qui nous
dépouillèrent de tout ce qui nous restait, mais
surtout de notre argent et de nos papiers.

Un officier accompagnait ces soldats (on m'affirma plus tard qu'il appartenait à l'infanterie marine), mais on ne peut dire qu'il les commandait, car il se montrait aussi effacé qu'ils étaient exubérants. Il se contenta d'assister à l'opération, appuyé à la porte du wagon, sans dire un mot, pendant que ses soldats hurlaient comme des possédés, nous accablant de menaces et accompagnant chacune de leurs trouvailles de commentaires plaisants et grossiers.

Ayant trouvé sur plusieurs d'entre nous des cartes de tram', l'un d'eux s'exclama : « Mais ils voyagent tous en tramway ces animaux-là ! Ils se paient du luxe, je vais à pieds moi ! » Et ce fils de paysans paraissait sérieusement indigné d'un tel gaspillage.

Un autre, apercevant le ruban de la Croix de guerre belge à la boutonnière d'un des nôtres le lui arracha en disant : « Tu as fait l'autre guerre, toi ? Eh bien, tu es un beau salaud ». Et une gifle retentissante apprit à l'intéressé que les décorations n'attirent pas toujours le respect.

L'officier aviateur, plus décoré encore, reçut une double ration de gifles. Quant à moi, j'eu l'heur de plaire à celui qui me fouillait, un paysan à face rougeaude : « Il a pourtant une bonne tête, celui-là » - dit-il à son compagnon.

Encouragé par ces bonnes dispositions, je risquais une question :

- Les papiers et l'argent qu'on nous enlève, seront-ils remis à l'autorité supérieure ?

- Bien sûr, répondait mon paysan.

- Ferme ta gueule ! hurla l'autre, un jeune homme à lunettes, maigre et semblant en proie à la plus vive surexcitation, qui m'allongea un coup de poing en pleine figure.

Je ne cherchais pas à rendre le coup, me rendant compte que toute rébellion risquait de tourner au massacre.

Mon ami Willems qui, arrêté au moment où il rejoignait son corps, avait revêtu la veste militaire sous son paletot civil, fut jeté au bas du train, afin d'aller expliquer d'où il tenait cet effet militaire.

Mais la plus bizarre aventure arriva à l'antisémite barbu, M. Van Damme. Un des soldats belges, voulant jouer l'important pour se faire payer à boire, avait affirmé que « celui-là avec sa barbe » était le docteur Martens, dont toute la presse avait écrit, à propos des récentes élections belges. Un des soldats s'adressa donc à Van Damme en luis disant.

- Alors, c'est toi, Martensse ?

- Moi, mais pas du tout, je m'appelle Van Damme.

- Tu mens, salaud ! Et une paire de gifles claqua sur les joues du blond Aryen.

- Mais, Monsieur, voici ma carte d'identité.

- Ça ne prend pas ! On la connait !

Et le carton vert vola sur le quai, où son propriétaire ne tarda pas de la rejoindre, propulsé par un solide coup de pied au cul.

Le reste de la journée se passa dans un calme relatif, mais la nuit devait nous valoir d'autres horreurs. En effet, la soif se faisant à nouveau sentir, un des occupants des wagons voisins rendu fou par la souffrance, se mit à hurler à tue-tête. Ses compagnons essayèrent en vain de le faire taire. Après plusieurs somations inutiles, les soldats belges allèrent chercher l'insensé, un Juif allemand, à ce qu'il sembla d'après son accent, et ils l'enfermèrent à part.

Mais, il continua à hurler durant une partie de la nuit : « A boire ! A boire ! » Moi, pas Allemand ! Moi, aime la France ! Vive la France ! Vive l'Angleterre ! » Finalement, un coup de feu retentit et la voix exaspérante se tût. L'avait-on abattu ou le bruit de la détonation l'avait-il simplement effrayé au point de faire taire. Je ne l'ai jamais su. Mais le lendemain, nos aimables gardes vinrent s'informer de nous en ces termes : « Pas de mort là-dedans ? »

LE CAMP D'ORLEANS

Nous quittâmes Cerdon du Loiret, vers les 7 ou 8 heures du matin, sans avoir reçu aucun ravitaillement.

Villemurlier ; Sully-sur-Loire, avec son beau château aux grosses tours blanches, Les Bordes défilent successivement devant nous. Nous remontons donc vers le Nord. Se déciderait-on à nous envoyer quand même à Paris ?

Non, car voici Orléans. Je me souviens alors d'avoir regretté, deux ans plus tôt, de ne connaître de cette ville que la plaque indicatrice de la gare, traversée la nuit au cours de mon voyage de retour d'Algérie. Voici l'occasion de compléter ma connaissance du patelin, car nous stationnons un long moment dans la gare, puis, après une série de manœuvres, notre train s'engage sur une voie menant dans une sorte de gare militaire. C'est là que nous sortîmes enfin de notre prison roulante.

Un détachement de soldats français en armes nous attendait sur le quai.

Il est difficile de décrire l'impression ressentie en mettant le pied sur le plancher des vaches. Il me semblait que j'étais ivre… de cette ivresse légère que donnent certains vins… L'air frais agissait sur nous comme une boisson capiteuse. Un moment, il me sembla que j'allais tomber et je me rendis compte alors combien j'étais devenu faible. Je surmontais cependant cette faiblesse et c'est d'un pas assuré que je pris place dans les rangs de la colonne qui, encadrée de soldats français et belges, baïonnette au canon, s'avança à travers la ville.

Chemin faisant, j'observais les maisons et fus frappé par la légèreté de leur construction. On eut dit plutôt une espèce de vaste cité ouvrière, construite à la hâte et à bon marché, plutôt qu'une ville séculaire. Je ne savais pas que le Midi s'avançât en matière de constructions, jusqu'à deux étapes de Paris.

Si l'on excepte les propos injurieux de quelques femmes de sous-off, rassemblées près du lieu de débarquement, la population s'abstint de se manifester. En revanche, les soldats pressaient rudement les malheureux que leur état de faiblesse empêchait de suivre l'allure de la colonne. Au passage d'un pont, j'aperçus un homme étendu dans une mare de sang. On me dit que c'était un Hollandais, mais a-t-il assommé ou s'est-il blessé en tombant, je l'ignorerai toujours.

Enfin, après une demi-heure de marche, nous arrivâmes en vue d'un camp militaire. Il était temps, car notre fatigue était extrême. Cette longue marche succédant à notre séjour prolongé dans le wagon, avait épuisé nos organismes affaiblis par le jeune et le manque de sommeil ; Il nous fallut pourtant encore stationner de longues heures, nue tête, sous le soleil, pendant que s'accomplissaient les formalités de notre internement.

Pendant ce temps, nous vîmes pousser à coup de crosses vers le bureau situé dans un baraquement près de l'entrée, deux hommes au type juif prononcé. De quelle infraction s'étaient-ils rendus coupables, je l'ignore. En tout cas, les cris de douleur qui nous parvinrent bientôt attestèrent que la réception qui leur était faite n'avait rien d'amical. Peu après, nous vîmes passer sur une charrette à bras, tirée par des soldats, le corps inanimé d'un homme qui paraissait blessé à la tête.

Un vieux paysan de Wiekevorst s'écroula en implorant à boire.

- Si tu ne fermes pas ta gueule, je te flanque un coup de sabre, lui cria l'officier. Car des officiers de tout grade étaient venus contempler notre troupe misérable. Je remarque même un général aux cheveux blancs, qui semble avoir servi de modèle aux films de Fernandel. Il parait que c'est le commandant de la place d'Orléans. Un vieux colonel en uniforme de chasseur alpin d'avant-guerre est, parait-il, le commandant du camp.

Ce long stationnement en plein soleil est des plus pénibles. A plusieurs reprises j'ai des éblouissements et je commence à redouter le sort du vieux paysan, quand mon tour de passer au bureau arrive. Un officier français me questionne sur mon identité et, pour la première fois, on me demande pourquoi j'étais arrêté. J'aurais pu dire de bon droit que je n'en savais rien, mais je préfère indiquer que je suppose avoir été arrêté comme communiste. Après avoir montré ma langue à un médecin, je suis conduit dans une baraque par un soldat qui, tout au long du chemin, tient sa baïonnette pointée vers mes reins. Un de mes compagnons, qui ne marchait pas assez vite eut les fesses lardées.

Ces baraques en bois étaient assez bien aménagées. Des couchettes superposées et garnies de pailles y étaient disposées des deux côtés ; Je me hissais sur l'une d'elles et me vautrais avec délice dans la paille fraîche. Mais, la soif me torturait à nouveau, comme la plupart de mes compagnons et nous demandâmes à boire au caporal qui commandait les sentinelles placées à la porte de la baraque.

- C'est bon ! Je vais vous en apporter, de l'eau ! Je sais ce que c'est que la soif, j'ai connu le désert, le simoun… je suis humain, moi ! – répondit le cabot.

Personne ne songe, bien entendu, à rire du ton condescendant avec lequel l'ex-colonial prononçait cette phrase. L'annonce de l'eau nous remplissait de joie. Il ne put cependant nous fournir que le contenu d'un seau de toile, ressemblant à une musette de cheval. Il fallait boire à tour de rôles, une gorgée à même le récipient incommode, dans lequel nageaient des fétus de paille. J'eus l'impression, en buvant, d'être devenu un cheval. Et vraiment, n'étions-nous pas descendus au niveau des bêtes ? Transportés en wagon à bestiaux, menés en troupeau, domptés par la faim et la crainte des coups et soumis à tous les caprices des maîtres ou des valets, nous n'étions plus véritablement que du bétail et nos réactions-mêmes devenaient celles d'animaux domestiques.

Cette impression s'accentua quand vint l'heure du repas, le premier repas véritable depuis sept jours ! On nous apporta un bidon plein de macaronis, mais nous n'avions ni gamelle, ni cuiller, ni fourchette. Il fallut donc recevoir sa ration brûlante dans les mains. Des mains qui n'avaient plus été lavées depuis 7 jours et les avaler ensuite comme on pouvait.

Naturellement, dans la bousculade, plusieurs des malheureux logés au fond de la baraque ne reçurent rien et durent encore jeuner cette nuit-là.

Ce séjour au camp d'Orléans a laissé à tous les déportés le même souvenir atroce de déchéance et d'humiliation.

J'ai remarqué plus haut comment le régime des prisons belges réduisait les adultes au rang d'écoliers, de gamins contraints de subir passivement la volonté du maître. Le régime du camp d'Orléans nous ramenait à un degré plus bas encore, dans l'échelle des déchéances, au rang des animaux. S'il me prenait maintenant la fantaisie d'écrire des romans d'animaux à la façon de Jack London, point ne serait besoin de recourir à mon imagination pour décrire les réactions de mes héros à quatre pattes. il me suffirait de faire appel à mes propres souvenirs.

Une chose, pourtant, nous fut agréable, au milieu de toutes ces misères : c'était de retrouver ceux de nos amis qui avaient été enfermés dans les autres wagons. Parmi eux, se trouvaient Alexander, qui avait partagé le wagon de M. Borms, Lallemand de la « Voix du peuple », Fernand Jack des « Amis de l'URSS », Wesly et

Antoine Laurant des J.G.S. et un camarade Hutois Sauveur.

Lallemand, déjà malade en prison, ressemblait à un Arabe du désert., avec sa figure blême aux traits accentués par la maigreur et qu'envahissait une barbe d'un noir de jais. Fernand Jack, naguère gras et rondouillard (avec une figure enluminée de bon vivant) était devenu presque svelte.

Moins heureux que nous, ils avaient fait le voyage dans des wagons à marchandise, sans fenêtre, où ils avaient souffert du manque d'air et de la chaleur, à un degré insoupçonnable pour nous qui avions eu le bonheur de voyager dans des wagons à bestiaux.

Par contre, ceux du wagon précédent le nôtre avaient échappé à la perquisition de Cerdon du Loiret. Grâce en soit rendue à Mercure, dieu des voleurs, car cette circonstance nous valut de pouvoir utiliser pour quelques réparations urgentes à nos vêtements le fil et les aiguilles conservés par Wesly. Elle nous permit aussi de réduire le nombre de conflits soulevés par le partage de la nourriture, en utilisant pour couper le pain, lorsque nous en reçûmes, c'est-à-dire le lendemain, le couteau d'un autre prisonnier.

Ceux qui avaient le plus souffert étaient ceux enfermés avec Borms, car ils avaient subi le contrecoup de toute la haine vouée par les gens de l'escorte à l'ancien chef du Conseil de Flandre.

J'ai dit qu'ils avaient voyagé dans des wagons à marchandise, sans fenêtres, afin de permettre aux quarante hommes enfermés dans ce réduit de respirer, le personnel de la gare de la Petite Ile avait pratiqué une ouverture de quelques centimètres dans la toiture. A Saint-Pierre-des- Corps, un ouvrier de la gare, excité par les récits de nos gardiens, vint obstruer cette bouche d'air au moyen d'une grosse planche… après avoir préalablement uriné sur la tête des « salopards.

Tous les occupants de ce wagon maudit étaient unanimes à vanter l'attitude de notre ami Alex, qui sut maintenir l'ordre parmi ces hommes en proie à la faim et à la soif, secourir les plus mal en point et remonter le courage dans les moments les plus durs, lorsque le désespoir montait comme une marée. Le vieux Borms, qui s'y connaissait en courage, n'hésite pas à nous dire que notre brave crieur de la « Voix du peuple » c'était révélé « un chef », à cette occasion. C'était, dans la bouche d'un tel homme, le plus bel éloge qui soit.

Parmi nos nouvelles connaissances se trouvaient le Dr. Schembre d'Oboohen, dirigeant des organisations culturelles nationalistes flamandes, les députés du V.N.V. et Waerd Herman, l'administrateur du « Volk en Staat » M. Peeter et le rexiste Serge Doring, rédacteur au « Pays réel ». Ce dernier se lia tout de suite avec de Soubna. C'est que Doring était également d'origine russe. De Soubna, on s'en souvient, était un Belge élevé en Russie.

C'est à Orléans que j'eus l'occasion de faire connaissance avec le docteur Borms, que je n'avais fait qu'entrevoir au cours du voyage, dans les circonstances tragiques que j'ai relatées plus haut. Au physique, l'ex-activiste m'apparut comme un vieillard encore robuste de 65 ans environ, à l'allure d'un vieux professeur, un beau représentant de cette génération d'intellectuels flamands d'avant 1914, courageux et un peu mystiques, habitués à marcher contre le courant. Catholique très pieux, il se montrait très affecté d'avoir vu déchirer par les gardes mobiles de Tours le missel qu'il avait emporté lors de son arrestation et auquel il semblait tenir beaucoup. Lors des quelques conversations que nous eûmes, il nous parla avec amour des premiers groupes d'étudiants flamands auxquels il avait appartenu dans sa jeunesse. Il paraissait tout joyeux à l'idée que son vieil ami Raf Verhulst, exilé en Allemagne depuis 1918, devait être rentré à Anvers.

- Il va enfin revoir sa chère cathédrale ! disait-il. Et songeant au plaisir que devait ressentir le poète de « Quintan Metrajs ? » Borms semblait ne plus se rendre compte de sa propre situation.

Ce souvenir lumineux des endroits et des gens avec qui on a fait ses premières armes me parait me parait être un sentiment commun à beaucoup de militants.

Moi-même, je ne peux me rappeler sans émotion le petit groupe de dirigeants communistes de 1923, ni les réunions tumultueuses du « vieux Parti ». Et ce souvenir se dressa bien souvent devant moi, comme un obstacle, lorsqu'il fallut combattre mes anciens compagnons de lutte devenus des adversaires politiques. Heureux Dr. Borms qui, au milieu des misères du camp d'Orléans, pouvait communier en esprit à la joie de son cher Verhulst. Je n'ai même pas eu le droit de pleurer mon vieil ami Deboek, lorsqu'au retour de cette tragique déportation, j'appris la nouvelle de sa mort !

M. Borms me parla aussi, incidemment, de son séjour au Pérou, au début de ce siècle. Il conservait de ce pays un bon souvenir et une certaine connaissance de la langue espagnole.

Il ne conservera certainement pas un pareil souvenir d'Orléans, car sa célébrité devait en faire, dès le premier jour, le souffre-douleur des soldats. Nous recevions fréquemment la visite de militaires français de tous grades, qui venaient, seuls ou accompagnés d'un soldat belge de l'escorte, regarder de près les « parachutistes » et les espions que nous étions.

Au cours de la première ou de la seconde nuit, ma mémoire est en défaut sur ce point, nous vîmes même arriver un colonel, fort éméché, qui força tout le monde à se lever et à se mettre au garde-à-vous. Quelques dormeurs opiniâtres furent même réveillés à coup de badine, par cet officier qui hurlait : « Chou ! Chou ! ». Je fus peut-être le seul habitant de la baraque à comprendre le sens de ce mot, qui valut à son auteur le surnom de colonel Chouchou. « Chou » est le cri que poussent les chameliers d'Algérie, lorsqu'ils veulent faire lever leurs bêtes.

Braves et modestes compagnons de mes randonnées sahariennes, « chameau maboul » et toi « Gogordy Choa », qui mangeais si familièrement les dattes dans ma main, redressez vos longs cous avec orgueil : votre maître est devenu votre égal !

Tout le monde s'étant levé, le colonel se campa au centre de la baraque, devant M. Borms, qu'on lui avait désigné.

- Regarde-moi dans les yeux, lui cria-t-il. Et, le vieux Flamand ayant obtempéré, il lui appliqua une gifle retentissante.

Puis, se tournant vers nous, il hurla :

- Voilà donc ces fameux parachutistes. Tas de lâches ! Que celui qui a de l'estomac s'avance !

Comme personne ne répondait à son invitation, il se mit à crier :

- Vous êtes beaux les parachutistes ! Hypocrites et lâches !

Et puis, après une pause :

- Vous auriez pu être abattus sur le champ, mais celui qui s'avancera et aura le courage de dire : « Je suis parachutiste », je lui serre la main.

Naturellement, personne ne s'avança, pour l'excellente raison qu'il n'y avait pas un seul parachutiste parmi nous.

Aussi le colonel Chouchou se retira-t-il aussi furieux qu'il était entré.

Quelque temps après, ce furent deux sergents français qui entrèrent admirer les parachutistes et les traîtres. Ils profitèrent de l'occasion pour gifler un jeune prisonnier et, naturellement M.Borms eut sa part de coups. Pour la circonstance, on l'accusa d'avoir dit « vache » au passage à des sergents. Il avait simplement murmuré « ach ! » en voyant frapper le jeune homme.

Les jours suivants se passèrent comme le premier. Enfermés toute la journée dans notre baraque surpeuplée, nous n'en sortions qu'à certaines heures, par groupes de cinq, accompagnés d'une sentinelle baïonnette au canon. Le temps qui nous était accordé pour satisfaire nos besoins était limité à une ou deux minutes et le trajet se faisait au pas accéléré. Plusieurs d'entre nous reçurent même des coups de baïonnette dans les fesses, pour n'avoir pas marché assez vite ! Ce traitement ne contribua pas à guérir la constipation opiniâtre dont j'étais atteint depuis mon départ de prison. En revanche, je pus ramasser sur le bord de la lunette des latrines un morceau de journal tout maculé d'excréments, qui me donna les premières nouvelles de la guerre.

Jusque-là, en effet, nous étions absolument ignorants de ce qui se passait sur le front. Certes, nous sentions bien que les événements ne devaient pas être favorable à l'impérialisme français (la colère des soldats et des populations en portait témoignage), et que les Allemands devaient avancer rapidement, la fuite éperdue de notre convoi l'indiquait suffisamment. Mais où se déroulait en ce moment l'action, que devenait le gouvernement belge, Bruxelles était-il occupé par les armées hitlériennes, toutes ces questions, qui nous obsédaient restaient pour nous dans réponse.

Aussi est-ce avec avidité que, une fois entré dans la baraque, je fouillais du regard ce dégoûtant morceau de papier. Je m'aperçus avec plaisir que, si l'une de ses faces était occupée par un fragment d'article auquel il était impossible de donner un sens, faute d'en connaître le contexte, l'autre côté portait un commentaire du communiqué officiel dans lequel il était question de Sédan et de la Meuse.

Sédan ! Ce nom en deux syllabes évoquait à ma mémoire les récits de Victor Marguerite « La Chevauchée vers l'abîme » et « Les Massacres de Baneilles ». Peu de temps avant mon arrestation, j'avais encore relu le « journal de campagne » publié au lendemain de la guerre de 70 par un officier des tirailleurs algériens. L'auteur y relatait au jour le jour les incidents, petits et grands, dont l'enchaînement marquait le processus de la débâcle impériale. Désordre, mésentente des chefs, pillages des soldats affamés de pain et ivres de vin, ordres et contre-ordres, tous les vivants tableaux de la « pagaille » française, que j'avais trouvés dans ce livre, je venais de les revoir au naturel, au cours de ce terrible voyage.

Et les Allemands étaient à nouveau à Sedan !

D'autres camarades avaient réussi à se procurer également des fragments de journaux et nous nous les passions l'un l'autre en secret pour éviter la répression.

Nous sûmes ainsi qu'on se battait aussi sur l'Aisne et que l'armée belge se battait toujours en Flandre. De la Hollande, par contre, il n'était question nulle part.

- Est-ce que la réputation de la Waterlinie aurait-elle été surfaite ? – se demandait un de mes compagnons. De Bruxelles, non plus, il n'était pas question. Sans doute, notre capitale était-elle déjà occupée par les Allemands.

Je songeais à ma petite fille, restée chez mes parents. Comment les pauvres vieux avaient-ils pu trouver du lait pour l'enfant dans cette ville bombardée, vidée d'une partie de sa population et dont toutes les voies de communication devaient avoir été coupées ?

Mais, le souci de ma propre nourriture chassait loin de moi ces pensées angoissantes, lorsque venait l'heure du repas. Celui-ci était toujours servi avec la même absence de commodité. Heureusement, certains d'entre nous avaient pu se procurer de vieilles boites de conserves, sales et ébréchées, que nous nous passions l'un à l'autre au moment du « service » ; Il fallait se dépêcher de les vider, car dix paires d'yeux vous imploraient, vingt mains se tendaient vers vous, tandis que vous buviez vous mangiez, afin de bénéficier du bienheureux récipient.

Le 23 mai, enfin, nous fûmes invités à préparer nos bagages. Comme plusieurs d'entre nous avaient déjà dû changer de baraque, nous crûmes qu'il s'agissait encore d'une opération semblable. Aussi, est-ce avec un certain étonnement que nous nous vîmes diriger vers le bureau, lorsqu' à l'appel de leur nom, un certain nombre d'entre nous furent sortis de la baraque.

Notre groupe – à peu près tous les Belges de mon wagon, plus le docteur Lehembre, mon ami Alex et quelques autres compagnons de voyage de Borms – était escorté comme d'habitude par des soldats français. Pendant que nous attendions devant le bureau, je remarquais que l'un d'eux, un tout jeune homme, avait oublié de refermer le verrou de son fusil. Je lui en fis la remarque à mi-voix, ajoutant qu'il allait se faire engueuler par l'officier, si celui-ci s'en apercevait. Tout en se hâtant de réparer sa négligence, le militaire s'étonna quand il apprit que nous étions belges et je remarquais que son attitude envers nous se modifia tout à fait, lorsque Lejeune qui me suivait eut ajouté « Il y a ici des militants ouvriers ».

Après une longue attente et un nouvel appel, nous sortîmes du camp strictement encadrés par les soldats français auxquels s'étaient joints les Belges qui nous avaient escortés depuis Bruxelles. La traversée de la ville se fit au milieu d'un public tantôt hostile, tantôt indifférent. A la gare, nous fûmes une fois de plus l'objet des menaces et des injures d'un petit groupe de fiers-à-bras. Je retiens cette exclamation d'un cheminot :

- Et dire qu'il y a parmi eux des vieillards à barbe blanche ! Cette constatation lui paraissait une circonstance aggravante pour nous !

Certains affirmaient avoir vu un vieil officier de chasseurs alpins s'interposer en disant : « On n'insulte pas les prisonniers ! »

Après une assez longue attente, nous pûmes prendre place dans des wagons à marchandise, mais cette fois c'étaient des wagons aménagés pour le transport d'hommes. Le nôtre contenait un double banc où la moitié des occupants environ pouvait s'asseoir. Si j'ajoute que nous n'étions qu'une trentaine par wagon et qu'on nous avait distribué du pain et deux grandes boîtes de pâté, on comprend que nous commençâmes ce voyage avec un état d'esprit tout différent de celui qui nous animait depuis des jours.

Nous pouvions voir au dehors par une ouverture latérale. Nous pûmes ainsi reconnaître au passage la gare de Vierzon, puis celle de Bourges où notre convoi passa la nuit. Le lendemain, 24 mai, nous nous remîmes en route. Nous filions toujours vers les Sud-Est, en longeant plus ou moins, la vallée de la Loire. Moulin fût dépassé dans la matinée. Comme nous profitions d'un arrêt pour réclamer à boire, l'officier belge, le même qui nous avait accompagné depuis Bruxelles, nous dit que nous n'étions plus qu'à quelques kilomètres du lieu de destination.

Quelle était cette destination, nous crûmes être fixés quand nous vîmes apparaître la gare de Montluçon. Comme l'un de nous avait lancé l'idée qu'on allait nous envoyer travailler quelque part, je crus qu'on allait nous employer aux usines Dunlop, qui étaient, on le sait, la grande entreprise de Montluçon.

Mais, nous n'eûmes pas l'occasion de discuter plus longuement sur ce sujet, car le train s'étant arrêté à proximité d'un convoi de troupes coloniales partant pour le front, un groupe de soldats musulmans très excités tenta de prendre notre wagon d'assaut. L'un d'entre eux planta même sa baïonnette dans la porte, tandis que les autres nous criaient des injures en arabe ou en sabir. Il fut même question de nous « couper cabèche », ce qui effraya beaucoup de mes compagnons de route.

Le départ du train mit fin à cette scène. Ce n'était donc pas à Montluçon qu'on allait nous débarquer ? Ce ne fut en tout cas pas très loin de là, car un quart d'heure peut-être après avoir quitté la cité des pneumatiques, notre train s'immobilisa de nouveau et nous entendîmes grincer les portières du wagon voisin.

Nous étions dans une petite gare de campagne, au milieu d'un pays verdoyant. Pas de spectateurs haineux, mais seulement quelques gardes mobiles et de paisibles territoriaux aux uniformes disparates, qui nous firent ranger sur le quai où le lieutenant belge procéda à un nouvel appel, pour vérifier sans doute que personne n s'était évadé en route. Un capitaine français se tenait à côté de lui et suivait avec attention l'opération, dévisageant chacun de nous, lorsqu'il venait à l'appel de son nom, prendre place dans la colonne.

Lorsque cette cérémonie fut terminée, nous nous mîmes en route, accompagnés comme à Orléans par une double escorte française et belge.

Nous traversâmes au pas de route une campagne riante où les vignobles alternaient avec les prairies, pour arriver dans une bourgade que dominait une sorte de massif donjon. Comme nous nous approchions de celui-ci, je crus, une fois de plus, être fixé sur notre sort : on allait nous enfermer dans cette vieille forteresse, comme on avait enfermé les communistes français à l'île d'Yeux. Mais, en arrivant sur la place du village, je constatais que ce que j'avais pris pour un donjon, n'était que la tour massive d'une de ces églises forteresses, comme on en trouve encore assez dans le Midi et le Centre de la France.

L'un des côtés de cette place était occupé par une sorte de long bâtiment bas, qui pouvait être aussi bien une grange qu'une maison d'habitation. On nous fit ranger devant l'édifice rustique et le capitaine nous fit savoir que l'on allait nous y servir à manger, mais que, vu notre nombre et l'exiguïté du local, nous ne pourrions y entrer qu'en deux groupes successifs.

Cette nouvelle nous causa une vive satisfaction, qui se mut en émerveillement lorsque je fus, à la suite du premier groupe, admis à pénétrer dans le bâtiment.

Qu'on imagine une vaste salle aux murs nus, avec un plafond aux solives apparentes. Dans cette salle des tables s'alignaient en deux longues files et sur ces tables des assiettes, des couverts, des verres, dont le reflet avait quelque chose de divinement joyeux.

Dans le fond, au-dessus d'une espèce de scène ou estrade attestant qu'on avait dû donner là des spectacles, un énorme écusson imposait au regard ses armoiries.

Le côté opposé était occupé par une table plus petite, autour de laquelle resplendissaient des fleurs et des bouteilles de vin.

L'ensemble avait un aspect à la foi familier et gai, auquel l'écusson du fond et le souvenir de la haute tour voisine donnait un petit air de noblesse campagnarde.

Il m'est impossible de rendre le sentiment qu'éveillait en nous la vue de ces choses si simples. Après le régime systématiquement sévère de la prison, après la longue torture du voyage, après l'enfer d'Orléans, où l'on nous avait rabaissé au rang de pourceaux, voici qu'on nous traitait comme des hommes !

Jamais, même lorsque , deux ans plus tôt, après une marche épuisante de 18 jours dans le désert, j'arrivais en vue de la palmeraie d'El Goléa, jamais je n'ai ressenti un sentiment de soulagement pareil à celui qui me dilata le cœur, lorsque je m'assis sur ce simple banc, devant cette table dressée, dans cette salle rustique d'Huriel , car tel était le nom de la localité où, pour la première fois depuis notre arrestation, nous trouvions des gens, chez qui la guerre n'avait pas étouffé toute humanité.

En Afrique, le soulagement était surtout physique, ici, il était aussi moral. Combien il était bon, après avoir éprouvé en quelques jours toutes les formes de méchanceté de hommes, depuis la cruauté savante du régime pénitentiaire, jusqu'à la fureur meurtrière des foules déchaînées, combien il était bon de constater qu'il existe encore au monde des gens qui vous considéraient encore comme des hommes, qui se conduisaient eux-mêmes, simplement comme des hommes.

Dans l'éclat des verres sur les tables d'Huriel, je ne voyais pas seulement la certitude de calmer ma soif, j'y trouvais également une justification de mon optimisme à l'égard de l'humanité. Rien n'est plus douloureux que de douter des hommes. C'est encore plus pénible que d'avoir soif.

ote

Mon grand-père n'a pas pu finir ce journal ou alors peut-être que la suite a été perdue avec le temps.

Nous avons pu récupérer ce manuscrit en 1978 après qu'il soit passé de main en main dans la famille.

J'ai pris le temps de le retranscrire en numérique pour le mettre à la disposition de toutes les personnes qui, comme vous, sont avide de découvrir la vie des déportés, tels qu'ils l'ont vécu au moment même.